m o n a d s h i n s h o

003

日本共産党vs.部落解放同盟

筆坂秀世＋宮崎学

にんげん出版編集部〈編〉

にんげん出版

m o n a d s h i n s h o

はじめに
日本共産党と部落解放同盟とは何であったのか

宮崎 学

栄光の歴史

共産党と水平社とは、ほぼときを同じくして、ともに近代日本の汚辱《おじょく》のなかから生まれてきた栄光の結社であった。

一九二二年（大正一一）三月、京都に全国の被差別部落民が集まって全国水平社が創立され、続いて七月、水曜会［山川均、堺利彦、高橋貞樹を中心とするグループ］、暁民会《ぎょうみんかい》［早稲田大学生だった高津正道らが結成したグループ］、建設者同盟［「民衆の中へ」を合言葉に浅沼稲次郎らが早稲田大学内に結成した運動団体］などの社会主義者が集まって日本共産党が非合法裡に結成された。

創立大会で発せられた水平社宣言は、「殉教者《じゅんきょうしゃ》が、その荊冠《けいかん》を祝福される時が来たのだ」「吾々《われわれ》がエタである事を誇り得る時が来たのだ」という高らかな叫びをあげ、「人間を尊敬する事によって自ら解放せんとする者の集団運動」を興《おこ》したのだった。それは、日本近代によって差別され抑圧されてきた者たちみずからの解放への決起であった。

共産党は、「万国の労働者、団結せよ！」というスローガンとともに、すべての被抑圧人民の解放をかかげ、被差別部落民の解放をもみずからの任務として闘っていった。それは、労働者と貧農というより広範で構造的な被搾《さくしゅ》取者の運動として、被差別部落民の解放運動をつつみこんでいくものであった。戦前共産党の綱《こう》領《りょう》ともいえる「日本における情勢と日本共産党の任務に関するテーゼ」〔通称「三二テーゼ」〕の「行動綱《こう》領《りょう》」の部分には「特種《ママ》部落民（水平社）の真の平等権」の獲得がかかげられていた。

だから、水平社と共産党は、アナ・ボル論争〔社会運動の進めかたをめぐって闘われた無政府主義者（アナキスト）と共産主義者（ボルシェビキ）間の対立〕の時期に、たがいに軋轢《あつれき》をおこしたこともあったが、激しい弾圧のなかで、ずっとともに手をたずさえて闘ってきたし、荊冠《けいかん》旗《き》と赤旗は、抑圧された者たちから解放の星、導きの星として仰《あお》ぎ見られてきたのであった。

この戦前・戦中期、日本の近代化は、国の内外における強度の搾《さくしゅ》取と収奪《しゅうだつ》、戦争と他民族抑圧、人民の分断と差別をともないながら、強行的に進められていった。日本社会の大半が、結局それに流されていくなかで、共産党と水平社は、最終的には、いずれも壊滅《かいめつ》あるいは解消をよぎなくされざるをえなかったものの、これらの動きと最後まで闘い、日本人民の良心のありかをしめしたのであった。

戦争に敗れたとき、戦中、唯一侵略戦争に反対して闘ってきた共産党は、そのことによって高い道義的優位性を獲得し、いち早く再建された共産党は栄光の光輝《こうき》につつまれた。

いっぽう、一九四六年（昭和二一）二月、水平社の運動を継承して「民主主義日本を建設して部落民衆を完全に解放する」ことを目的にかかげて結成された部落解放全国委員会［松本治一郎、北原泰作《きたはらたいさく》、山本政夫らのよびかけで結成］は、一九五五年（昭和三〇）に部落解放同盟と改称するが、戦前の水平社以上に被差別部落大衆を結集した大衆的組織として発展した。

一九四五年（昭和二〇）一二月の共産党再建大会では、戦前水平社幹部だった北原泰作《きたはらたいさく》［一九三三年共産党に入党、戦後の解放運動再建に尽力。本書一四八ページ参照］が「被圧迫部落解放問題についての提案」をおこない、天皇制の打倒、人民共和国の樹立をつうじて被圧迫部落を解放するという趣旨の決議を採択し、行動綱領《こうりょう》には「一切の身分的差別の徹底的排除」がかかげられた。

他方、部落解放全国委員会が結成された部落解放人民大会には、共産党代表・野坂参三《のさかさんぞう》［戦前からの共産党幹部］が、社会主義を実現して部落を解放しようとあいさつしている。そして、共産党が指導する労働運動が大きく盛り上がり、政治危機が現出した一九四七年（昭和二二）の二・一ゼネスト前夜の情勢のなかで、共産党中央では、部落解放全国委員会委員長だった松本治一郎を首班とする革命政府樹立構想を検討したといわれている。

共産党と解放同盟は、そこまで密接な関係を、一九六〇年代半ばまで保ちながら、ともに貧しい労働者・農民と、それ以上に貧しい被差別部落民の間で、現在とは比較にならないような期待と支持を集めていたのである。ともに貧しい者の味方として、もっとも頼りにされる存在だったのである。

共産党は、一時期を除いては、選挙ではたいした票をとれず、議員は少なかったが、労働運動をはじめとする大衆闘争においては大きな力をもっていた。また、解放同盟は、一般市民の支持は充分得られなくても、被差別部落民を結集する力は大きく、その闘争力は瞠目《どうもく》すべきものがあった。ともに、市民の世界、持てる者の世界では勢力を張れず、むしろ嫌われていたが、大衆の世界、持たざる者の世界では一大勢力であり、頼りにされていたのである。

その背景には、戦後改革にともなう社会変化のなかで形成された、いわゆる戦後民主主義の流れがあった。戦争の惨禍《さんか》を二度とくり返してはならない、そのためにも平等で民主的な社会をつくらなくてはならない、といった主張のもと、戦後も一九六〇年代半ばごろまでは、まだかろうじて、戦争体験も風化をまぬがれており、また戦後民主化の精神も生きていた。人々の多くは、程度の差はあれ、抑圧と差別のない社会への希望［あるいは幻想］をもっていた。それが共産党と解放同盟を押しあげていたのだといえる。

亀裂《きれつ》と対立

ところが、一九六五年（昭和四〇）ごろから、共産党と解放同盟との密接な関係に亀裂《きれつ》が入り、対立に発展していく。

直接のきっかけは、この年の八月にだされた同和対策審議会の答申をめぐる評価だった。一九六〇年（昭和三五）に総理大臣の諮問《しもん》機関として発足した同和対策審議会は、一九六五年に答申をだした。そこでは、同和問題の解決は「国の責務」であり、同時に「国民的課題」であると位置づけて、同和地区の環境改善、就業、社会福祉、教育などについて具体的対策をあげて、特別措置法の制定を求めていた。

これにたいして、解放同盟中央は、この答申を積極的に評価して、この答申の実施を求める運動を展開したが、共産党は、これは独占資本の政策に部落民大衆を利用しようとする欺《ぎ》瞞《まん》的なものであり、自民党政府の欺瞞《ぎまん》・融和《ゆうわ》政策だと批判した。ようするに、高度経済成長にもとり残されていた被差別部落民が、政府の同和対策を利用して、生活の改善・向上をつうじて差別を打破しようとしたのにたいして、それは独占資本に丸めこまれるものだ、だまされるな、と共産党が反対したという構図である。

ところが、解放同盟中央が、共産党の批判を聞き入れず、同和対策事業特別措置法にもとづく同和対策事業を受け入れ、推進するようになると、共産党は、事業そのものは認めながら、それを解放同盟が独占することに反対し、同盟は利権屋になったといって対決するようになる。いっぽうで、一九六九年（昭和四三）の矢田《やた》事件［解放同盟大阪府連矢田支部の糾弾を受けた教師らが監禁罪として告訴、共産党がその主張を全面擁護《ようご》。本書八七ページ参照］をきっかけに、同和教育にたいするとらえかたの対立も加わって、解放同盟のほうが、共産党を差別者として糾弾《きゅうだん》するようになり、対立は暴力的衝突に発展していった。

一九七四年（昭和四九）九月から一一月にかけて、兵庫県の八鹿《ようか》・朝来《あさご》を舞台に同和教育をめぐる対立［本書九〇ページ参照］が激化し、八鹿《ようか》高校では、解放同盟員一〇〇〇人あまりが暴力をまじえて教職員を糾弾《きゅうだん》する事態に発展し、対決は決定的なものとなっていった。

さらに、翌七五年（昭和五〇）の東京都知事選にさいして、共産党は、解放同盟が都政を食い物にしようと介入しているとキャンペーンを張り、地方自治体をめぐる対立が深まっていった。

こうして、共産党は解放同盟を「利権暴力集団」ときめつけ、解放同盟は共産党を「宮本差別者集団」と規定するという修復不可能の敵対関係におちいっていったのである。

その背景には、一九六〇年（昭和三五）ごろから本格化した高度経済成長のなかで、戦後民主主義のなかで追求されてきた抑圧と差別のない社会への希望［あるいは幻想］が萎《しぼ》みはじめ、代わって経済的に豊かで政治的に安定した社会への希望［あるいは幻想］に、人々がからめとられていく過程があったといえるのではないか。

一九六五年（昭和四〇）に同対審答申がだされたということは、高度経済成長政策が被差別部落にまで浸透してきたということであった。それは、行政をつうじた同和対策事業の実施というかたちで具体化され、解放同盟は、これを利用して、要求実現に邁進《まいしん》した。当初この政策を欺瞞《ぎまん》だ、融和《ゆうわ》だといって批判していた共産党も、結局、遅ればせながら、この政策に乗りながら大衆を結集していく方向に転換せざるをえず、その転換によって、成長のわけまえぶんどり合戦に割って入ることになった、というのが、亀裂《きれつ》を対立に発展させていく最大の要因だったのではないか。

つまり、両方とも経済成長の波に飲みこまれたということである。それは、たんに共産党と解放同盟だけの問題ではなくて、戦後日本の大衆運動は、全体として、高度経済成長にたいして有効に対応することができなかったのである。

対立の果て

そして、このようにして人々が「豊かな社会」の幻影にとらえられていく状況に、共産党も解放同盟も否応なく巻きこまれていったのだったが、その過程で、相互対立の展開にともなって、それぞれが、それぞれ違ったかたちで変質をはじめ、深めていったように思われる。というより、亀裂《きれつ》、対立そのものが、もともと両者の変質のはじまりに根ざしていたともいえるのだが、いまや、その変質は、両組織を衰退《すいたい》させ、見る影もない組織に変貌させつつある。

「豊かな社会」を追い求めていくことじたいは、なんら否定すべきことではない。おおいにやったらいい。けれど、どうやって実現していくか、という「やりかたの問題」は絶対にないがしろにしてはならない。共産党と部落解放同盟との対立は、もともと、その「やりかたの問題」をめぐる、生産的になることができたはずの意見の相違からはじまったのだ。それがなぜ、どうしようもない敵対関係におちいることになっていったのか、その要因がどこにあったのか、ぜひとも検証しておく必要がある。

おたがいに、相手を「利権暴力集団」「差別者集団」となじりあいながら、みずからを省みることが少なかったせいか、いまとなっては、共産党は「部落差別は解消した」といって差別は存在しないという鈍感な態度をとるにいたっているし、解放同盟のほうでは、解放運動からは遊離《ゆうり》した私的利権がはびこっていることはあきらかな状況なのである。

最近目にした事例では、じっさいの体験に材をとり、部落出身の猿回し芸人の恋愛と結婚をテーマにした『太郎が恋をする頃までには…』〔栗原美和子著、幻冬舎〕をめぐる問題がある。

この作品は、作者が体験した結婚差別を具体的なかたちで描いたもので、モデルである猿回し芸人・村崎太郎がテレビで部落民としてカミングアウトをおこなって話題になった。あらためて部落差別を考える機会をつくった作品だったといえるだろう。ところが、これにたいして、共産党系の人権連〔全国地域人権運動総連合の略称。全解連（後述）を解消して二〇〇四年新たに発足〕は、機関紙などで、もはや結婚差別はほとんどなくなったとして、部落問題が解決に向かっているときに歴史の歯車を逆転させようとするようなものだ、と批判しているのだ〔丹波真理「歴史の歯車は止められない」『地域と人権』二〇〇八年一二月一五日号、〇九年一月一五日号など〕。事実にもとづいて部落差別を描いた作品まで否定して、なんとかして「差別はもうない」ことにしたい、ということなのだろうか。

反対に、解放同盟のほうでは、福岡県の立花町連続差別はがき事件というのがあった。二〇〇三年（平成一五）一二月以来、差別はがきを送りつけられたとして町議会や行政を動かしてとり組みをおこなわせていた被害者が、じつは自作自演で差別をでっちあげていたことが、二〇〇九年（平成二一）になってあきらかになった事件である。

臨時職員としての雇用が継続されるかどうか不安だったので、差別はがきの被害者になれば解雇されないだろうと思っておこなった行為だという。これは、事情がどうあれ、部落問題を騙《かた》って私益を図《はか》ろうとする行為であって、それじたいが差別を利用した差別行為だといえる。解放同盟福岡県連は、これについて、それなりに誠実な自己批判を発表しているが（「『差別ハガキ偽造事件』について　最終見解と決意」『部落解放』二〇一〇年一月号）、このような行為を組織内から生みだすにいたった病根は深刻である。

変質と衰退《すいたい》

そのようななかで、共産党と解放同盟、共通して、組織の衰退《すいたい》が目立ってきている。どちらも、かつては若者が生き生きと活動して推進力になっていた組織だったのに、いまや若者の姿がめずらしく思われるほどで、党員・同盟員の平均年齢がずいぶん高くなってしまった。

新しい力が育ってこないから、活動力もすっかり鈍ってしまっている。

共産党は、二〇〇八年（平成二〇）、ワーキングプワ問題の深刻化と『蟹工船』ブームのなかで、党員が一万人増えたということで、ふたたび共産党の伸張がはじまるか、と騒がれたが、党勢拡大は一時的なものに終わってしまった。それだけではなく、この一時的ブームで増えた党員の多くは、雇用問題などでお世話になったお礼に、勧められるままに入党した人たちで、入党といってもほとんど後援会入会感覚だったという。たちまちのうちに、その多くが、党費も払わず、機関紙『赤旗』も購読しない「未結集党員」になってしまったということだ。

共産党は、党員数を四〇万と発表しているが、政治資金収支報告書に記載されている党費納入者数は二六万で、ここから推計すると党員の三五％が党費を納入していない状態であり、『赤旗』日刊紙の発行部数が三〇万というから、二五％以上の党員が機関紙を購読していないことになる。かつて「鉄の規律」を誇った「前衛党」にしては、非常にお寒い組織状況である。

運動の中身においても、二〇〇四年（平成一六）に採択された新しい綱領《こうりょう》では、かつての「反帝国主義・反独占資本の新しい民主主義革命」は捨てられ、「日本の真の独立の確保と政治・経済・社会の民主主義的な改革の実現を内容とする民主主義革命」に変えられただけではなく、わざわざ「それらは、資本主義の枠内で可能な民主的改革である」とつけ加えられている。もはや資本主義改革党であって、社会主義革命党ではないのだ。このことによって、「共産党ならでは」「共産党であってこそ」の魅力が失われていっているのではないか。

じっさい、先の二〇一〇年（平成二二）七月の参議院選挙では、前年の衆議院選挙から一四〇万票近く減らし、定数五選挙区で政策委員長を落選させるという大敗を喫した。この選挙では、民主党の米軍基地移転問題での迷走、菅首相の消費税増税発言など、共産党に有利な情勢があるなかで、前年衆議院選挙で退潮に歯止めがかかったという認識から六三〇万票を目標に臨《のぞ》んだのに、天安門事件ショックで得票を大幅に減らした一九八九年（平成元）の三九〇万票をも下回る三五六万票しか得られなかったのである。これといった明確な敗因を見いだせないこの大敗は、七〇年代以降に採《と》られてきた「資本主義の枠内で議会と国家に依存する共産党」などという存在が、もはや国民から必要とされなくなっていることを示しているのではないだろうか。根本的な転換なしには、このままジリ貧に陥《おちい》るしかない。

解放同盟も、同和対策事業特別措置法の期限が切れたあと、事業のためだけに結集していた支部が次々につぶれていると聞く。また、そうでなくとも公共事業が削減されるなかで、いまや最大の部落産業の一つとなっている土建業が不振におちいり、解放同盟への結集が弱まっているのも事実である。

今年（二〇一〇年）三月、東京九段会館で開かれた解放同盟第六七回全国大会において、執行部は同盟員が七万人を割ったことを公式に認めた。同盟員数は激減、しかも、平均年齢が六〇歳を超えているなど、高齢化は危機的な状態だ。先の参議院選挙で、一九四七年（昭和二二）に松本治一郎が全国四位当選（四二万票）して以来守り続けてきた〝解放の議席〟を、わずか七万票弱で失うにいたった背景には、このような現実があるのではないか。

そんななかで、解放同盟の最大の存在理由であった差別糾弾《きゅうだん》においても、迅速《じんそく》で適確な糾弾《きゅうだん》がおこなわれない場合が目立ってきた。その最たるものが麻生太郎前首相の差別発言にたいする反応である。麻生は、二〇〇一年（平成一三）、森喜朗内閣崩壊後の自民党総裁選挙をめぐって、野中広務元官房長官を目《もく》して「あんな部落出身者を日本の総理にはできないわな」と発言したといわれる「魚住昭著、『野中広務　差別と権力』、講談社」。この発言が公になったとき、政府要職にあった麻生太郎にたいする糾弾《きゅうだん》を解放同盟はおこなわなかった。それは麻生が発言を否定しており、ほかに証人がいないので、事実を確認できないからという理由によるものだった。

ところが、二〇〇九年一月一五日付『ニューヨークタイムズ』は、「日本の被差別民いまだ受け容れられず」と題する記事を掲載して、この問題をとりあげ、しかも、そのなかで亀井久興《かめいひさおき》［現・国民新党顧問］が麻生発言を事実として証言していた。しかし、解放同盟中央は、いまだに動こうとしない。これは、かつての解放同盟のすばやく臆《おく》するところのない差別糾弾《きゅうだん》行動を知っている者にとっては、まことに隔世《かくせい》の感のある、ぐずぐずした煮え切らない態度といわなければならない。「革命」を忘れた共産党が魅力を失ったのと同じように、「糾弾《きゅうだん》」を忘れた解放同盟は存在意義を失いかねない。

時代の状況も違い、時代の課題も違うなかで、共産党、解放同盟にかつての光輝《こうき》に満ちた闘争の再現を期待するのがまちがいかもしれない。しかし、現在の状況が、新しいかたちで虐《しいた》げられた者たち、辱《はずかし》められた者たちを大量に生みだしているとするならば、「党」「同盟」という形態ではなくても、抑圧と汚辱《おじょく》に立ち向かう結集のありかたが探られなければならないだろう。

そのためには、かつての党と同盟の「正の遺産」だけではなくて、「負の遺産」が仕分けされ、「何をなすべきか」とともに「何をやってはならないか」が、あきらかにされていかなければならないのではないか。本書は、そのための一つの試みである。

日本共産党vs.部落解放同盟——目次

第4章　全面的な路線対立・組織対立へ

第5章 部落解消論と利権問題

第1章

蜜月《みつげつ》の時代に生まれていた対立の萌芽《ほうが》

対立の前段階　1960〜1965

共産党主導の解放同盟

一九六〇年（昭和三五）ごろには、日本共産党［以下共産党と略記］は部落解放同盟［以下解放同盟と略記］中央における主導権をほぼ確立していた。それ以後、六〇年代半ばまでは、共産党と解放同盟の蜜月《みつげつ》の時期であった。

共産党農民漁民部編『今日の部落問題』［一九六九年］は、六〇年代末の時点で、共産党の部落問題にたいする歴史的かかわりと政策を包括的にのべたものである。

この文書において、一九五六年（昭和三一）の部落解放全国委員会［解放同盟の前身］第一一回全国大会から、部落解放運動にたいする共産党の影響力が強まったとしている。

そして、五七年、五八年の一二、一三回大会において、「差別問題を封建遺制《ほうけんいせい》とのみとらえて、反封建闘争を重視していた欠陥をあらため、部落差別が、米日独占資本の搾取《さくしゅ》、収奪《しゅうだつ》をつよめるための分裂支配の道具として温存、利用されていることをあきらかにして、部落を基礎に、市民的権利と生活保障の切実な諸要求実現のために、独占資本の差別政策とたたかうことが完全解放への道であるという方針をうちだしました。同時に部落の階級分化の進行に目をむけて、部落の人たちを階級別、要求別組織に結集してたたかうとともに、労働者階級を先頭とする全人民の闘争とむすびつき、統一戦線の一環として部落解放運動を前進させてゆく方向をしめしました」

としている。

共産党党章《とうしょう》と解放同盟綱領《こうりょう》

共産党じたいのほうでは、一九五〇年代に、コミンフォルム批判［マッカーサー率いる連合軍を解放軍と規定して平和革命を唱えた日本共産党を国際情報局が批判］をめぐる対立から、党内が所感派・国際派［コミンフォルムへの反論のかたちで「所感」を発表した共産党主流派の徳《とく》田球一《だきゅういち》・野坂参三《のさかさんぞう》は所感派、批判を受け入れた宮本顕治《みやもとけんじ》は国際派とされる］に分裂していたのを、一九五八年（昭和三三）の共産党第七回大会で統一を回復していた。そして、被差別部落における党活動については、「これ以後、部落に共産党細胞の建設が進み……労働組合など民主団体と解放同盟の共闘がつよめられ」たという（『今日の部落問題』p.109）。

解放同盟のほうでは、一九六〇年（昭和三五）九月に開かれた第一五回全国大会において新綱領《こうりょう》を採択している。

この新綱領《こうりょう》には

「アメリカ帝国主義に従属する日本の独占資本は、日本の民主化をくいとめる反動的意図のもとに部落に対する差別を利用している」

「部落の完全な解放は、労働者階級を中核とする農・漁民、勤労市民、青年、婦人、知識人など、すべての圧迫された人民大衆の解放闘争の勝利によって、日本の真の民主化が達成されたときはじめて実現する」

といったような規定がされていた。これは、共産党党章《とうしょう》〔暫定の行動綱領《こうりょう》にあたるもので、のち八大会綱領《こうりょう》に引き継がれる〕にほぼもとづいた規定であった。たしかに、「アメリカ帝国主義とそれに従属する日本の独占資本」ではなく「アメリカ帝国主義に従属する日本の独占資本」となっているのは違いとして問題にはなるが、八大会綱領《こうりょう》以前では、この線が民主主義革命派と社会主義革命派との妥協点として党内合意であったともいえる。

部落解放運動においてこれ以前に展開されていた、その後対立の種になる闘争についても、共産党と解放同盟の間に対立はなかった。

一九五一年（昭和二六）のオールロマンス闘争、その後の行政闘争も共産党は基本的に支持していた。というよりも、むしろ京都市職内の共産党員が主導的な役割をはたしていたという。オールロマンス闘争とは、雑誌『オールロマンス』に京都市職員が書いた小説「特殊部落」にたいする差別糾弾《きゅうだん》が京都市政全体の差別糾弾《きゅうだん》に発展した闘争であり、**行政闘争とは、この闘争などをモデルに、「差別事件をそれだけのこととして処理しないで、そうした差別を生みだしている行政にたいする闘争**として発展させる」という基本戦術のもとに全国で展開された、差別行政反対闘争のことである。

一九五八年（昭和三三）一月二四日には、同和対策を国政レベルでとりあげさせるために、解放同盟・共産党の懇談会が友好裡におこなわれている。

また、同年に開かれた「部落解放国策樹立要請全国会議」には、共産党も参加し、積極的に支援している。

このような経過をふまえて、『今日の部落問題』は、一九六〇年代前半までは共産党・解放同盟関係は正常で順調だったという認識である。

対立の萌芽《ほうが》

この時期、政府・自民党の側からの同和対策が展開されてくる。

これにたいして、共産党、解放同盟は、それぞれ以下のような対応をしている。

一九六〇年（昭和三五）五月、同和対策審議会設置法、自民の単独採決で可決。

一九六一年（昭和三六）六月、解放同盟中央委員会、「部落解放国策樹立請願運動」方針を発表。

一九六一年（昭和三六）七月、共産党第八回党大会、綱領《こうりょう》を決定。

一九六四年（昭和三九）一一月、共産党第九回党大会開催。このときの大会決定の部落解放運動方針はおよそ以下のとおりであった。

部落解放の闘いは、

① 米日反動勢力の支配と収奪《しゅうだつ》に反対する日本人民の闘争の一環として［アメリカ帝国主義と日本独占資本という「二つの敵」］

② 労農同盟を基礎とする民族民主統一戦線の立場に立って［労農同盟と統一戦線］

③ とくに部落の労働者、貧農、半失業の住民を農村労働組合、漁村労働組合、自労、農民組合、漁民組合、生活と健康を守る会などに組織し［要求別・階層別組織］

④ これら各層の部落住民を統一要求のもとに結集し、部落解放同盟を拡大強化する［部落

統一組織」ものでなければならない。

この方針は、部落解放の闘いを帝国主義と独占資本にたいする闘いとして位置づけている点、要求別・階層別組織をつうじて全人民的な統一戦線の一翼として闘うとしている点に特徴があったといえる。

ところが、解放同盟中央の朝田善之助《あさだぜんのすけ》［戦後の解放同盟の理論的指導者。一九六七〜七五年には全国委員長を務める。本書七六ページ参照］は、一九六二〜六四年には「特定政党に所属する一部幹部によって、左翼的偏向《へんこう》がもたらされた」としている［『差別と闘いつづけて』、朝日新聞社］。この「左翼的偏向《へんこう》」とは、右記のような共産党の指導方針が解放同盟内に浸透していったことを指しているのだと思われる。

共産党は、のちには部落差別を「封建制の名残《なごり》」ととらえるようになるが、このころまでは封建遺制《ほうけんいせい》のみからとらえるのはまちがいだとして、差別を独占資本の搾取《さくしゅ》・収奪《しゅうだつ》強化のための分裂支配の道具としてとらえるべきだ、としていた。つまり、差別と独占支配を結びつけ、反差別と反独占を結びつけてとらえていた。これは解放同盟中央も同じであった。だから、差別のとらえかたにおいて党中央と同盟中央は基本的に対立していなかったのである。

しかし、この段階でも、対立は芽吹《めぶ》いていた。それは、とくに被差別部落民の要求の組織のしかたにかかわる問題においてである。

さきに見たように、**共産党は**「部落の労働者、貧農、半失業の住民を農村労働組合、漁村労働組合、自労、農民組合、漁民組合、生活と健康を守る会などに組織する」という**「要求別・階層別組織」を基本にし、そのうえで、「これら各層の部落住民を統一要求のもとに結集し、部落解放同盟を拡大強化する」というかたちで「部落統一組織」を構成するという、二重の組織論をとっていた。**

これにたいして、解放同盟中央は、すべての要求を解放同盟に結集して、反差別・部落解放の観点から独自に要求を統一するという一重の組織論をとっていたのである。

じつは、これは、戦前の水平社におけるアナキズム派とボルシェビキ派の対立のころからのことで、ボル派が二重組織論、アナ派が一重組織論であった。もっともボル派のほうも、アナ派とは反対の方向での一重組織論——階級組織への一元化——の傾向があり、結局、最終的には「水平社解消論」〔部落大衆を水平社という一つの身分組織に包含して独自運動を進めるのは革命運動に有害とする意見〕にゆきつくことになったのだが。

この組織論における対立は、被差別部落という存在のとらえかた、一般社会と被差別社会との関係のとらえかたにかかわるものだっただけに、その後、大きな問題に発展してくる。

＊　＊　＊

差別は支配の道具か

司会　一九六〇年代前半までは、共産党と解放同盟はわりと仲がよかったわけですね。そのころは部落差別のとらえかたについても、基本的に一致していました。あとになると、共産党はかなり違うことをいうようになって、「部落差別は封建的なものの残滓《ざんし》である」と規定しますが、六〇年代前半まではそういっていません。封建遺制《ほうけんいせい》としての差別はあるが、同時に独占資本の政策としてその差別が温存されている、という考えかたで、**共産党は、独占資本の搾取《さくしゅ》・収奪《しゅうだつ》を強化するために差別を分裂支配の道具として利用していると、差別と独占資本を結びつけて考えていました。この点は解放同盟中央も同じでした。**基本的に差別のとらえかたが同じだったので、対立はしていなかった。このかたちをずっと保持していれば、今日のように対立することはなかったんじゃないかと思うんですけど（笑）。

さて、そこでいま考えて、こういう独占資本と差別の関係のとらえかたは、はたしてどうだったんでしょうかね。これは資本主義と部落差別との関係の問題でもあります。独占資本は資本主義の最高の段階ですから、初期の資本主義とは違うものの、基本的な性格は同じだろう。ところが、もともと資本主義は、基本的には封建的な障壁をなくしていく働きをするものです。もちろん、さまざまな差別を近代的なかたちでつくりだしていくものでもありますが、封建的なものをとり払わないと資本主義が発展できない。それが、独占資本主義の段階になると違うということなのか。独占資本主義体制と部落差別が結びついているというとらえかたは、はたしてどうなんでしょうか。

これは、部落差別を基本的にはどうとらえたらいいのか、ということ――これは、このあともずっとやらなければならないことですが――にかかわってくるわけですが、そこからはじめていきたいと思います。

宮崎　まず、解放同盟と共産党の差別認識において、封建時代の残滓《ざんし》としての差別というとらえかたがある。これは両者に共通していたと思います。その上で、一九六〇年代前半までは、独占資本の政策として部落差別が温存されたというとらえかたも共有していたということですね。

だけど、もっと深いところで、共有しているものがあったと私は思っています。それは、差別が、権力支配の道具としてあったという規定です。たしかに、権力は自分たちの都合のいいように差別を利用することはあっただろう。だけど、それじゃ、そのために権力が差別をつくりだしたのかといったら、それだけじゃあないだろうというのが、私の意見です。

差別は、権力支配の道具としてつくられたという側面はもちつつも、主たる側面はそうではないんじゃないのか。**差別を権力支配の道具という一面でしかとらえない限界を、同盟も共産党も、もっていた。**その限界ゆえに分裂していかざるを得ない、簡潔にいうと、そういうことじゃないかな。

では、分裂支配の道具として以外の要因は、どこにあるのかということですが、その前提として、**民衆のなかの差別意識の問題**がある。部落差別にかかわらず、いろいろな差別意識があるわけですが、それがつねに支配者によってつくられるというのは、ちょっと乱暴すぎるだろうと思います。つまり、政治的にプラグマティックで観念的な規定のしかたを両者ともしていたんじゃないのか。権力支配の道具というとらえかたの範疇《はんちゅう》を越えられなかったところに、ある種の限界があったのではないかと思っているわけです。

部落差別・政治起源説

これについては、共産党、解放同盟だけではなく、歴史学者などの研究者をふくめて、被差別部落が、いつ、どのように形成されたのかという「部落の起源」についての定説がもっていた問題がある。戦後の部落問題研究によって確立されてきた学説は「近世政治起源説」と呼ばれるもので、織田・豊臣政権時代から徳川政権にいたる封建制確立の過程で、支配権力によって民衆にたいする分断支配のために部落差別が政治的につくりだされた、というとらえかたである。いわゆる〝士・農・工・商・穢多《えた》・非人《ひにん》〟という身分制度に部落差別の起源を見る。一九八〇年代半ばまでは、この近世政治起源説が定説として信奉されていたから、差別は権力支配の道具であるということが自明のこととされていたのである。

だが、近年、部落差別を中世にまでさかのぼって考えるべきだというとらえかた、さらにはケガレ観念や不浄観念などの民衆意識に起源を求めていこうとするとらえかたがあらわれてきた。全体としては、**部落差別には民衆意識の層と政治支配の層との両方があり、その両方をとらえつつ、その関連を考えていくことが必要になっている**、といえよう。

宮崎　それから、被差別部落民と一般の国民、市民の間では、意識の面においては結構対立するものがあると思うんです。それをヒューマニズムにもとづいて、「同じ人間だから変わりはないんだ」という話は、マンガ的な発想であって、そんなことはありえないと思っています。あるいは、同じ民族なんだから、同じ日本人なんだから、というのも同じことです。そんな共通性を上からかぶせて、だから差別はいけない、なんていうのはまったく空疎で無力な論理ですよ。

たとえば、中国には客家《はっか》という集団があります。そして、客家的な団結というものがあります。彼らが被差別部落民と同じような社会集団であるかどうかは別にして、客家の人たちは漢民族がものすごく嫌いなんです。でも、彼ら自身漢民族であるわけなんですよ。ところが、台湾の客家のおじいちゃんなんかは、漢民族を「チャンコロ」と呼び捨てます。「あのチャンコロ！」とかいうんですが、「そうはいっても、あなただって漢民族じゃないか」というと、「いや、あいつらはチャンコロだ。俺は客家だ」と、強烈なことをいうわけです。

つまり、絵に描いたもちのような「人はみんな平等で……」は、建前としてはあっても、現実の社会のなかでは対立的な感情が意識されていた、と見ておくべきでしょう。だから漢民族の客家にたいする意識と、客家の漢民族にたいする意識は、対立的であったと思います。

それがますます差別を助長していく、という構図だと思う。日本でもやっぱりそうだったんじゃないかと、私は思っています。

客家の連中は、もうあからさまに「チャンコロ」といいますからね。老人、そりゃ、ちょっとマズいよ……というんだけどね（笑）。

チャンコロ

「シナ人」という呼び名と同じく、中国人にたいする蔑称。「中国人（zhongguoren）の転訛」［広辞苑］といわれているが、日本が中国侵略を積極的に推し進めていた明治中期以降、使用されはじめた。

筆坂　それはどっちも漢民族なの？

宮崎　客家じたいも中原地方からでてきた、漢民族の一つといえば一つなんです。だから「ほんとうの漢民族はわれわれだ」という意識があるんです。

筆坂　なるほど。

客家(はっか)

客家とは、もともと中国大陸華北の中原に住んだ漢民族の一部といわれている。唐代末から宋代はじめにかけて南下し、福建省南東部などに住み着いた。唐代末と宋末の動乱期には中原から集団で移動して広東省・江西省・福建省の境界地域に到着し、土着の住民と雑居・雑婚の結果、今日のような民族集団ができたと考えられている。広東省・福建省・江西省・湖南省・四川省などの山間部である。「囲龍屋《ウェイロンウー》」といわれる集合住宅をつくって住み、周囲から隔絶した集団生活を営んできた場合が多い。

台湾にも居住しており、華僑・華人としてマレーシア、シンガポール、タイなどに暮らす者も多い。華人の三分の一は客家人であるといわれる。客家語を話し、独特の風俗・習慣をもっており、自分たちを漢民族とは区別している。中国共産党は、抗日戦・内戦期に客家と結びついて、その力を利用した。共産党幹部となった朱徳、鄧小平、葉剣英、李鵬などが客家である。台湾では、総統を務めた李登輝、副総統を務めた呂秀蓮が客家である。

宮崎　「本当の漢民族はわれわれだ。あいつらはチャンコロだ」という意識です。そういう意識が、民衆のなかには、いろんなかたちで存在しており、**差別の問題は、そういう民衆意識がもつ現実性から考えていかなければならないと思うんですね。**

　客家のことをもちだしたのは、客家は、中原から華南へ流浪しながら移住していって、自分たちの宗族を外敵から守るために、円楼砦をつくって、住んだりしたわけですが、そのなかで、宗族の団結によって自分たちの生命と生活を防衛する体制をつくりあげてきたわけです。被差別部落も、そういう生命・生活を守るための団結から成り立っているという点では同じだと思うんですね。

反独占と反差別

筆坂　僕もいま宮崎さんがいわれた、**差別は権力支配の道具であるというとらえかたは、今日では、単純すぎる議論**だと思います。「部落差別を封建《ほうけん》遺制《いせい》だけとしてとらえてはならない。独占資本の搾取《さくしゅ》、収奪《しゅうだつ》のための分裂支配の道具だ」というのは、少し論理的に飛躍があると思うんです。たしかに、封建体制のもとで分裂支配の道具という側面はあったでしょう。しかし、高度に発達した資本主義のもとで、被差別部落民とそうじゃない人を差別する意味がいったいどこにあるのか。資本の側からすれば、関係ないですよね。資本の側は、より低廉《ていれん》で有能な労働者が確保されればいいわけです。同じ消費者として、商品を買ってくれればいいわけです。そもそも高度に発達した資本主義国で、そういう差別をする必要性を、独占資本の側はさほど強くもっていない。だから、部落差別は独占資本の搾取《さくしゅ》、収奪《しゅうだつ》の道具であるという主張は、説得力に欠けるのではないかと思います。

反差別と反独占は、本来まったく別の事柄ですよね。早い話が、差別は、独占資本主義になるまえからあったわけです。当然のことながら、そのとき反独占のスローガンはない。いま共産党は、「同和行政を完全終結させるべきだ。いまだにやっている自治体もあるが、とんでもない」というわけでしょう。もちろん、差別がまったくなくなったということではない。現実の国民感情のなかには、差別意識はまだまだ残っている。にもかかわらず、共産党の立場は、少なくとも反差別闘争は必要ない、ということです。じゃあ、反独占の闘争はというと、これはいまでもやっているわけです。「反独占」といういいかたは、最近あまりしなくなりましたけどね。

そうすると、反差別と反独占は一体のものだといっていた日本共産党の主張が、いまは論理的に破綻《はたん》しているわけです。

僕は、階級闘争至上主義というか、なんでも階級闘争のなかに組みこんでしまう、という当時の共産党の方針が強くでていたと思う。それに、部落解放運動のなかにも、マルクス主義などの階級闘争史観が、非常に色濃く反映していたと思います。なんとなく「反差別」「反独占」といえば、革新的な運動であるかのような、ね。

だから、僕はもともと反差別と反独占の闘いを結びつけるというのは、無理筋の話だったと思うんですよ。そういう気がしてならない。

宮崎 独占資本と部落差別が直接結びつくものではないというのは、そのとおりだと思うんですが、ただ、解放同盟のなかでは、反独占と反差別が一致するという実感があった。たとえば『部落地名総鑑』を大企業が買い入れていたような問題ですね。発覚したのは一九七五年くらいの話ですけど、全国の被差別部落のリストが掲載されている地名総鑑を購入していた事実は、大企業が部落の子弟を排除するためじゃないか、というわけですね。そこで、反独占、反差別がピタッと一致してしまったということがあると思います。

『部落地名総鑑』
全国の被差別部落の所在地、戸数、おもな職業などを記載した図書。作成者は興信所・探偵社などで、結婚・就職のさいの身元調査に利用させる目的で作成していた。一九七五年（昭和五〇）にその存在があきらかになり、解放同盟が調査したところ、数多くの企業が購入していた事実が判明し、企業の差別的体質を糾弾《きゅうだん》する大闘争に発展した。

筆坂　企業は一般にややこしい人間を入れたくないわけですよ。だから、就職差別はいろいろなかたちでじっさいにあったわけです。

司会　『部落地名総鑑』がつくられたのは一九七〇年前後ですが、かつては、部落の子は中学もまともに卒業できない。高校なんか行けない。だから、就職差別以前の状態だったわけです。ところが、奨学金制度をはじめ、いろいろ制度が整って、高校に行けるようになって、大学に進学する者もでてきた。そうすると、部落の子が就職試験を受け、企業に入ってきてしまうという意識が働いて、『部落地名総鑑』を買ったんじゃないか、そういうふうに考えられないかと思うんですが……。

宮崎　私は違う考えをもっていて、『部落地名総鑑』の問題でいえば、それを買って就職差別に使う、使わないという話になるが、被差別部落の子弟を排除して何か利益になることはあるのか。独占資本側のメリットは、なにもなかったじゃないのか。

筆坂　ぼくもそう思う。

宮崎　とくにメリットはないと思うんです。運動の到達段階で、たまたま一九七五年は、反独占と反差別が、連動した闘争のテーマとして、割合と入りやすい全般的な状況があり、この問題を利用したんだと思いますよ。じつはよく考えてみると、あんな本をあんな高い値段で買わされたほうがたまらんでしょう。五万円という値段で押し売りされていたというのが実態だったんじゃないんですか。

民衆は正しく権力が悪いというとらえかた

筆坂　ところで、当時、共産党と部落解放同盟がだいたい同じような方針をかかげていましたが、それはやっぱり解放同盟に共産党と共鳴しあうものが何かあったわけでしょう。どこが共鳴しあったんでしょうか。

宮崎　当時の部落解放同盟の中心勢力は、共産党でした。それが、一九六四年の部分核停条約の問題をめぐって、除名などで共産党から離れ「日本のこえ」［親ソ派の共産主義党派］などの別党をつくったグループと、もともと毛沢東に傾倒していたグループ、そして、社会党の旧労農派「山川均《やまかわひとし》、向坂逸郎《さきさかいつろう》らの流れをくむ社会主義協会系グループ」などの活動家が結びつき、同盟中央の主導権を握りました。そういう意味では、共産党の主流と対立した元共産党のメンバーも同盟中央に多数残ったわけです。共産党との対立の問題を考えるときに、解放同盟内部の元共産党グループの存在は無視できません。

部分的核実験停止条約

アメリカ、旧ソ連、イギリスの間で一九六三年（昭和三八）八月モスクワで結ばれた「大気圏内、宇宙空間及び水中における核兵器実験を禁止する条約」の略称。日本では、一九六四年（昭和三九）五月、衆議院で議決がおこなわれ、共産党中央の方針に反して賛成票を投じた志賀義雄《しがよしお》、そして参議院議員の鈴木市蔵《すずきいちぞう》らが除名された。その年、志賀義雄・鈴木市蔵・神山茂夫《かみやましげお》・中野重治《なかのしげはる》らは親ソ派の別党「日本共産党　日本のこえ」を結成する。

筆坂　やっぱり共産党だったんだ。

宮崎　日本の社会運動は、左翼政党と労働運動、市民運動、大衆運動の関係のなかで、戦前から見ていくことが必要です。その点からすれば、私はやっぱり戦前の日本共産党と水平社の関係をふまえながら、そのあとの日本共産党と部落解放運動との関係を見ていく必要があると思うんですね。そういう観点から見てみると、私は、解放同盟のような組織は、ある種の活動家を獲得していくためのプールであるという、かなり党派的な意識は、もともと共産党にあったと思う。

筆坂　なるほど、そうだろうな。

宮崎　そして、**筆坂さんのいう「無理筋の話」**の根源には、**民衆はいつも正しくて、悪いことが起きるのは権力のせいだという、戦前共産党以来の左翼共通の神話があったんだと思うんですよ。**民衆はもともと差別なんかしないのに、権力が人民を分断するために差別をもちこんだという話になるわけで、そこから、権力と闘って政治を変えれば差別はなくなるかのような方針がでてくる。

筆坂　それをつうじて活動家を集めると同時に、結局、選挙の票に流しこむ。

宮崎　もともとは選挙の票の問題ではなくて、革命の問題だった。革命をやって差別をなくそうということだったわけです。ところが、のちに共産党じたいが変質していき、階級政党が国民政党に変わっていってしまう。だから、その過程で、もともと革命だったものが、政治革新にとって変わり、当初の理念があいまいになっているのが、実情じゃないかと思います。

革命の課題としての被差別部落解放

一九六〇年代末ごろまで、共産党は、部落解放は革命の課題である、としていた。

一九六九年（昭和四四）にだされた日本共産党中央委員会農民漁民部編『今日の部落問題』［日本共産党中央委員会出版局］は、次のようにのべている。

「部落解放の問題は、基本的には半封建的身分差別の問題であり、ほんらい資本主義の枠のなかでも解決される、ブルジョア民主主義的な性質をもっています」［**つまり、部落解放は半封建打破・ブルジョア民主主義的性格をもつ課題だということ**］

「だが、部落住民に対する身分差別は、今日、米日独占資本の日本人民にたいする支配と搾取《さくしゅ》、収奪《しゅうだつ》の体制のなかに全面的にくみこまれて、重要な役割をさせられています」［**そのブルジョア民主主義的課題は、同時に反帝反独占の性格をもつのであって、米日二つの敵と闘わなければ達成されない**］

そのため、「現在の日本では、身分差別の問題をはじめ、いっさいの半封建的残存物を一掃して、真の民主主義を達成する課題は、労農同盟を基礎とする統一戦線の任務となっている」「**部落解放は全人民的な民族民主統一戦線の課題である**」

「日本人民の解放をかちとるために、……日本の当面する革命は、アメリカ帝国主義と日本の独占資本の支配——二つの敵に反対するあたらしい民主主義革命、人民の民主主義革命である」「この革命によって、日本社会に、身分差別をはじめ、なおのこっているさまざまな半封建的遺物がとりはらわれて、部落住民にたいする職業、居住、教育、結婚などの差別圧迫を基本的になくすことができます」「**民主主義革命によってはじめて部落解放が可能になる**」

しかも、それで差別がなくなるわけではない。

「この当面する革命は、資本主義そのものをなくすものではありません。……だから、この革命によって、身分差別の基礎をとりのぞくことはできるが、ながい歴史のあいだ、支配階級の分裂支配によって人民にうえつけられてきた、古い、おくれた差別偏見を、完全になくすことはできません」「**つまり、革命後も差別は残るのであって、それをすべて払拭《ふっしょく》するのは社会主義の課題である**」

これが、一九六〇年代末の日本共産党の公式見解であった。

＊　＊　＊

共産党の伝統的戦術

司会　この時期でも、解放同盟と共産党の間で対立がないわけではありませんでした。とくに大きかったのは、被差別部落民の要求の組織のしかたにかかわる問題で、第一章の冒頭部分でふれましたが、共産党は、「要求別・階層別組織」を基本にした二重の組織論をとっていました。

これにたいして、解放同盟中央は、すべての要求を解放同盟に集約して、反差別・部落解放の観点から独自に要求を統一するという一重の組織論をとっていました。

この対立は被差別部落という存在のとらえかた、一般社会と被差別社会との関係のとらえかたにかかわるものだと思われますが、この対立点を今日から見て、どう考えられますか。

戦前の水平社におけるアナ・ボル対立

一九二二年(大正一一)、全国水平社第二回大会において、アナキズム派［アナ］と日本共産党の指導を受けるボルシェヴィズム派［ボル］との間に路線対立があらわれ、以後、一九二九年(昭和四)一一月の第八回大会まで、水平社青年連盟協議会・水平社解放連盟などに拠《よ》ったアナ派と、水平社無産者同盟に拠《よ》ったボル派との間で、熾烈《しれつ》な対立・抗争がくり広げられた。そのときの対立の論点は、戦後の共産党と解放同盟中央との対立の論点と重なりあうところが少なくない。本書一二四ページ以下参照。

筆坂　共産党の二重組織論。これは、統一戦線戦術と関連していますね。ここに二七年テーゼと三二年テーゼをメモってきたんですが、そこですでに統一戦線政策が打ちだされているわけです。二七年テーゼでは、大衆組織について、「大衆諸組織は、一方においては共産党が補給勢力をくみとる貯水池であり、他方においては前衛と全階級、全労働者大衆とを位置づける伝導帯である」といっている。宮崎さんがいわれたとおり、活動家のプ置づけている。そして、大衆組織のなかに党の細胞組織をつくって、そこで党の影響力をどんどん拡大しろ、と。こういう方針が、二七年テーゼ、三二年テーゼで大きく打ちだされてきているわけです。

共産党は、戦後新しい綱領《こうりょう》をつくったといっていますが、組織論、運動論という点から見れば、たいして変わっていないと思います。今日まで、やりかたの基本はずっと一緒ですよ。

宮崎　違うとすれば、戦前は革命政権の形態においてソビエト方式を考えていたが、それは違ってきた。ただ、大衆組織論としては、三二テーゼ以降、ずっと踏襲していっていると思う。

二七年テーゼと三二年テーゼ

二七年テーゼとは、一九二七年（昭和二）に決定された日本共産党の綱領《こうりょう》的文書「日本問題に関する決議」、三二年テーゼとは、一九三二年（昭和七）に決定された、やはり日本共産党の綱領《こうりょう》的文書で、正式名称は「日本における情勢と日本共産党の任務」。どちらのテーゼも、コミンテルンの指導のもとにつくられたもので、事実上、コミンテルンの決定が日本国内にもちこまれたものといってよかった。

二七年テーゼでは、当面する日本革命の性格を労働者・農民を中心とする民主主義革命と規定し、この民主主義革命を社会主義革命に強行的に転化させる、としていた。また、三二年テーゼでは、日本の支配体制が絶対主義的天皇制、地主的土地所有、独占資本主義の三つの構成部分からなっているとして、そのなかでとくに天皇制国家機構の粉《ふん》砕《さい》を第一の革命的任務と規定した。

大衆組織と統一戦線については、二七年テーゼでは、引用されたような「貯水池」「伝導帯」規定に続いて、「統一戦線戦術によって、労働組合および大衆政党を内部から占領すること」を共産党の任務としてかかげ、「共産党は、統一戦線戦術を遂行《すいこう》するさい、けっしてそれ自身の本領を失ってはならぬ」と戒《いまし》めている。また、三二年テーゼでは、大衆組織において「社会ファシスト」の役割をはたしている「左翼社会民主主義者」「労農大衆党、労農派、日本共産党労働者派などをあげている」と闘うことだという、いわゆる「社民主要打撃論」をかかげている。

筆坂　そうですね。運動論としては、あるいは統一戦線政策としては、この当時から基本的な考えかたはちっとも変わっていない。

一重組織か、二重組織かという問題もあるんですが、一番の本質はなにかといえば、共産党の支配力です。つまり、その組織のなかで共産党のヘゲモニーを確立するという方針。ここに大衆運動が伸張しなかった理由、あるいは分裂した理由の根本があるのではないかと思います。

だから、一重組織がいいのか、二重組織がいいのかという問題ではないと僕は思いますね。

司会　そうしますと、解放同盟中央と共産党、どちらに問題があったのか、という以前に、解放同盟中央の元共産党員をふくめて、共産党の差別にたいする考えかた、大衆組織にたいする態度に問題があった、ということになりますか。

筆坂　もちろん、当時の解放同盟と共産党の間に、理論的には違いの萌芽《ほうが》がでてきていたでしょうし、その違いがどうだったのか、それぞれのどこが正しく、どこがまちがっていたのか、ということは考えなければなりませんが、それ以前に共通した問題点があった、ということですね。

宮崎　日本の共産主義運動、左翼運動全体の問題ですよ。それは新左翼といわれる連中や市民主義左翼といわれる部分もふくめて、**左翼運動総体がいわゆる大衆の問題、大衆組織の問題をとらえそこなってきた**、ということですね。

第2章

同和対策は毒まんじゅうか——解放同盟内での対立

対立の第一段階　1965～1969

同対審答申の評価で対立

共産党と解放同盟中央との最初の大きな対立は、同和対策審議会の答申の評価をめぐってあらわれた。

第1章で見たように、一九六〇年（昭和三五）に設置された同和対策審議会（略称・同対審）は、同和問題の所在と同和対策の方向性について審議を重ね、答申を提出しようとしていた。

このとき、一九六五年（昭和四〇）二月に解放同盟中央執行委員会で同対審についての評価、さらには参議院議員選挙における組織内候補の松本治一郎をめぐる政党支持自由の問題などで解放同盟組織内の対立・分裂が表面化した。

一九六五年（昭和四〇）五月一八日、共産党機関紙「アカハタ」に掲載された「部落解放同盟が直面している若干の緊急問題について」で、解放同盟の田中織之進書記長らを名指しで批判した。これは、党として解放同盟中央にたいして公然と批判したことになる。

そして、八月に提出された同和対策審議会答申をめぐって、大きな論議が起こる。一〇月の解放同盟第二〇回全国大会では激論の末、ついに分裂の方向へ向かっていった。

解放同盟京都府連の三木一平副委員長、塚本景之書記長は、「政党支持の自由」を主張し、共産党の須藤五郎を応援した件などを理由に除名された。それにともなって、京都府連が分裂し、二つの京都府連が並立することになった。

さらに、一九六六年（昭和四二）一月には、「同対審答申完全実施要求国民運動」中央委員会を共産党がボイコット〔共産党側は排除されたと主張〕した。

また、京都の文化厚生会館問題で紛糾《ふんきゅう》、両者が対峙《たいじ》する状態にいたった。部落問題の中心センターとして建設された文化厚生会館の占有・帰属をめぐって共産党系の部落問題研究所と解放同盟京都府連との間で激しく争われた。事件の契機は、さきに見た選挙応援をめぐる京都府連の分裂によるものだった。解放同盟を除名された共産党グループが京都府連を結成、たいして同盟中央に正当性を認められた朝田善之助《あさだぜんのすけ》が府連体制をつくって、分裂、並立した。その対決が、文化厚生会館占拠事件として表面化したのだった。

そして、一九六八年（昭和四三）三月、同和対策協議会が「同和対策特別措置法案要綱」中間報告を発表。その評価をめぐって対立が先鋭化する。

共産党の同対審答申批判の論点

この年一二月一二日に「赤旗」〔「アカハタ」改名〕は論評を発表したが、これらにしめされた共産党の主張は、次のようなものであった。

全体としては、同対審答申は毒まんじゅうであって、部落大衆を堕落させ、同盟幹部を官僚化し運動を丸抱えしようとするものであり、米日独占資本の政策遂行のために、部落民大衆を利用しようとする欺瞞《ぎまん》的なものである、とする評価であった。その背景には、米日独占資本の下でも部落解放が可能とする自民党政府の欺瞞《ぎまん》、融和《ゆうわ》政策があるとした。

たとえば、次のようにのべている。

「明治維新後の近・現代における部落問題については、答申における認識はきわめて一面的で、近・現代における部落問題の認識にとって欠くことのできない絶対主義的天皇制、寄生地主制、あるいはまた現代日本の独占資本主義とのかかわりについてはまったくふれられておらず、その結果として、部落問題の解決が戦後日本経済の高度成長の延長線上に期待されるかのような幻想があたえられているなど、答申にはいくつかの点で基本的な誤りや欠陥がふくまれています。また今日の部落問題の現状や部落の実態は、答申がだされた当時とは著しく変化してきており、したがってそうした変化を無視して、答申の文言を硬直的にとらえることも誤りです」

「答申の本質は、米日『二つの敵』が、解放運動を反共主義、融和《ゆうわ》主義のわく内にひきいれることにあります。政府はこの範囲内で一定の経済的な利益を部落大衆に与えながら、これを軍国主義、帝国主義復活の政策をおしすすめる道具にしようとしているのです」

結論として、「当面我々がしなければならないことは答申に幻想を抱かせることではない。答申のごまかしを部落大衆及び全人民に徹底的に暴露《ばくろ》し、同時に深く部落大衆の中に入る。その要求を取りあげて大衆の自覚を高め、解放同盟の自主的、民主的組織拡大のために奮闘し、これによって要求実現の運動を進める」、「答申を運動の柱とする態度は一面的で正しくないと同時に答申粉砕《ふんさい》に重点を置くやり方も又一面的である。答申をださせたことは解放運動にとって重要な出来事だが、それは運動上の一つの手柄に過ぎない。この点を正しく位置付ける必要がある」〔『今日の部落問題』第三章参照〕

部落解放同盟の反論

こうした共産党の答申批判にたいして、解放同盟中央は、次のように反論した。

たしかに、同対審答申は、基本的に近代主義＝新しい融和《ゆうわ》主義の思想に立っている。それは、政府の附属機関である以上必然的にもっている限界である。

しかし、答申のなかで、部落問題の存在を認め、その解決の責任は国にあり、国民的課題であることを明確にしていること、水平社の運動を高く評価し、「寝た子を起こすな」式の考えかたを否定したことなどは、解放運動にとって大きな手がかりになる。

また、この答申は、政府・自民党の部落融和《ゆうわ》政策である以前に、部落解放運動が勝ちとった成果であり、答申を運動の武器として生かしていくことこそが求められている。

このように答申の意義と限界をふまえて、その積極的側面を手がかりにして運動を展開することによって、その限界をのりこえていくことが必要だというのである。

背景にあった共産党内部の対立

このような対立の背景には、共産党内部の対立が反映していた。この対立は、具体的には、部分的核実験停止条約をめぐる評価にあったが、そこには、この条約によって米ソの平和共存を進めようとするソ連共産党と、それを批判してアメリカ帝国主義との闘争を強調する中国共産党との対立、それとリンクした日本共産党内部のソ連派と中国派の対立があった。

一九六四年（昭和三九）五月一五日、部分核停条約の衆議院議決にさいして、志賀義雄《しがよしお》［戦前・

戦後の共産党指導者。戦後、大阪から衆議院議員に連続当選］は党中央の方針に反して、これに賛成、二一日には共産党中央委員会が志賀義雄らを除名した。

六月になると、志賀らは別党として「日本のこえ」を結成し、解放同盟幹部の中からも同調者がでた。もともと、解放同盟中央ならびに関西の同盟組織には、志賀義雄や志賀に近い春日庄次郎《かすがしょうじろう》［大阪出身。共産党の関西での組織建設に尽力］らの影響が強く、「日本のこえ」結党は、そうした同盟幹部や同盟員を共産党から離反させることになったのである。

また、このときの共産党中央と志賀らの対立は、平和共存といった国際問題にかぎらず、国内の運動における改良闘争の位置づけなどにもおよんでいた。それは、同対審答申をめぐる評価にもかかわってきていたのである。

組織的な分裂への発展

この段階の対立は、まだ共通の基盤の上で論議を闘わせることができ、生産的な結果を生みだしうるものだった。

だが、いっぽうで京都府連並立問題、文化厚生会館問題などに端を発して、解放同盟中央によって共産党系の同盟幹部にたいする除名などの組織的排除がおこなわれ、他方で共産党が「同対審答申完全実施要求国民運動」中央委員会を反党分子が参加しているという理由でボイコットするなど、それぞれのセクト的な対応で組織的な分裂に発展していったことが、論争を実りあるものにさせず、不毛な対立・抗争に追いやっていった。

＊　＊　＊

改良の立場と革命の立場

司会　基本的には良好な関係にあった解放同盟と共産党の結びつきが崩《くず》れていくわけですが、その一つの契機となったのは、解放同盟中央にいた共産党員が、共産党中央と対立するようになったことでした。そして、同対審答申にたいする評価をきっかけに対立が顕在化しました。

共産党中央は、解放同盟中央の同対審答申評価は、反党修正主義、社会民主主義の誤った立場からおこなわれたものだとしていますが、そうではなくて、むしろ共産党の「全人民的立場」イコール「革命の立場」からの視点と、解放同盟の「被差別部落民の立場」イコール「改良の立場」からする視点とのズレによるものだったと思われます。

すなわち、**「全人民的立場」イコール「革命の立場」から見れば、同対審答申は毒まんじゅうであり、エサをあたえることで、同盟幹部を丸めこみ運動を官制化し、堕落《だらく》させるもの、米日独占資本の政策のために、大衆を利用しようとするものととらえられるわけです。それにたいし、「被差別部落民の立場」イコール「改良の立場」から見れば、被差別部落民の要求にかなり応えようとしているものであり、政府・自民党の部落融和《ゆうわ》政策である以前に、部落解放運動が勝ちとった成果であり、答申を要求実現のために武器として生かしていくことが大事だ、ということになります。**

総じて、この二つの視点のズレはつねにあるものですが、このときのズレを、今日から見て、どのように考えられますか。

同対審答申

一九六〇年（昭和三五）に発足した同和対策審議会は、総理大臣の諮問《しもん》にたいして一九六五年（昭和四〇）八月に、「同和地区に関する社会的及び経済的諸問題を解決するための基本的方策」を答申した。

答申は、部落問題とは「日本国民の一部の集団が……近代社会の原理として何人にも保障されている市民的権利と自由を完全に保障されていないという、もっとも深刻にして重大な社会問題である」と差別を基本的人権の次元でとらえ、だからその解決は国の責務だとしている。そして、解決の具体案として、環境改善、社会福祉、産業・職業、教育、人権問題にかんして方策をのべているが、それらの内の具体策は、一九六九年（昭和四四）に成立した同和対策事業特別措置法（略称・特措法）として結実する。

宮崎　同盟内部のいわゆる「日本のこえ」や社会民主主義の人たちでなくても、解放同盟という被差別部落の運動団体から見れば、同対審答申の内容は、改良としては非常にいいという考えだと思います。これを使えば、運動として要求を実現しやすい。改良闘争の大きな武器になる。ところが、革命の立場からするならば、部落の人の切実な要求にエサをあたえて、そして大衆を飼《か》い馴《な》らして、同盟の幹部を官僚化させ、体制内化させるための手段として、この同対審答申がでているというとらえかたになり、これは「毒まんじゅう」だから食ってはダメだとなる。

このように、革命の立場か改良の立場か、どちらをとるのかということになると、大衆団体である同盟としては、革命の立場よりも改良の立場をとらざるを得ない。だから、対立することになったんだと思います。けれども、改良の立場から賛成した人も革命の意志をもっている人が多かった。革命の立場から見れば「毒まんじゅう」だが、改良の立場から見れば前進だし、闘争の武器として使えるんじゃないかと考えたわけです。

もっというと、同対審答申がでる経過のなかで、被差別部落の実態に真摯《しんし》に向かいあっていれば、そのときの被差別部落の状況が相当厳しかったことがわかる。この大きな貧困と差別をなんとかしなくちゃならない。そう思ったら、「毒まんじゅう」でも食ったら腹はふくれるでしょう？　であれば「毒まんじゅう」だとわかって食うだけの話です。

筆坂　それは、そうだと思いますよ。そのときの部落民の、本当にリアルな生活実態に目を向けるという観点が、共産党には弱かったというか、欠落していたと思います。革命至上主義なんですよ。かんたんにいえば、革命さえ起これば、問題はすべて解決する。しかもそれこそが、必然的な社会進歩の方向だというわけですから、絶対正義なんです。だから改良ではダメだ、革命だ、ということになるわけですよ。

宮崎　「毒まんじゅう」といいますが、水平社運動以降の部落解放運動は、改良闘争なのか、革命闘争なのかという話になると、そりゃ、改良闘争でしょう。革命闘争じゃないですよ。だとしたら、改良闘争には、必ず「毒まんじゅう」がつきまとうんですよ。要求してとったら、「それは毒まんじゅうだ」といつだっていえることになる。それを批判したら、改良闘争が成り立たないことになっていくわけです。要求を満たす側としては、必ず毒まんじゅうをもってくる。それにたいして、要求するほうは、毒まんじゅうを意識して、食うか食わないかというだけです。

毒まんじゅうと意識して食えば、「毒」ではなくなる可能性もあるわけです。ただ、食べかたをまちがうと、毒まんじゅう中毒になってしまうということはあると思う（笑）。だから、そのへんは一概にいえる問題ではなくて、まさしく現実的かつ実践的な問題だったんだろうと思いますね。

権力と差別

筆坂　部落差別の問題は、たとえば当時共産党がいっていたように、民主主義革命が起こらなければなくならないとか、あるいは完全には、社会主義社会にならなければなくならないとかいうけれども、当時、仮に日本が社会主義社会になったとして、部落差別が国民意識からなくなるかといえば、なくならないですよ。そんなかんたんに差別意識が払拭《ふっしょく》されるものではありません。
　だから、共産党がいっていたことは、部落の住環境や就労など、差し迫って解決が図《はか》られなければならない問題を究極の目標にゆだねてしまって、またある意味では、その究極の目標である革命にいたったとしても、それだけでは解決できないということになってしまう。そもそも無理筋の立論なんですね。

宮崎　私が思うには、**権力のありかたと差別の問題とは、まったく別問題ということです。**じっさい、左派が権力を奪取したところのほうがむしろ差別の解決から遠ざかっている。社会主義権力のほうが差別が厳しくなっているわけです。それはあきらかでしょう。ロシア（旧ソ連）もそうだし、北朝鮮もそうだし、中国もそうでしょう。権力をだれがとるかということと、差別の問題はあまり関係のないことなんだということです。そして、その権力の性格がどういうものであれ、権力性が強い権力、独裁性が強い権力ほど、差別的になるんじゃないか、という気がする。だから、社会主義的な権力が生まれた国家のほうが差別が厳しくなったというのが、この二〇世紀から二一世紀にかけてわかってきた歴史的事実なんじゃないのかと思っています。

部落民の生活権を保障するもの

司会　部落の現実と共産党の活動の結びつきという点では、共産党は労働者の権利を拡大し、擁護《ようご》し、発展させるための活動、つまり労働条件の改善闘争をおこなっていたわけです。それは認めなければならない。ところが、部落の場合、いまから五〇年から六〇年くらいまえは、そもそも労働する権利すら保障されていない。朝田善之助《あさだぜんのすけ》がいっていたように、被差別部落民は「主要な生産関係」から排除されているという実態があった。つまり、読み書きなどの教育権をふくめ労働する権利そのものが奪われていたわけです。それにたいして、労働させろという要求をかかげる。そこで、共産党と結びついて、まず労働する権利を保障してくれということで、自労など失対労働者とともに運動をやっていたという現実もあったわけです。

筆坂　なるほど。

宮崎　ところが、共産党には、ルンペンプロレタリアートは階級脱落者であって革命の役には立たない、というとらえかたがあるわけですよ。組織労働者こそがプロレタリアートの本隊であって、いまでいえばフリーターのような非正規労働者や失業労働者とかは、プロレタリアートとして評価しない。そこのズレがだんだん大きくなっていったんじゃないかと思うんですね。

ルンペンプロレタリアート
組織されず、下層労働に従事する労働者や失業労働者など定職をもたない労働者を指す。日本共産党系の編集委員会が編纂した『社会科学辞典』〔新日本出版社〕では、「相対的過剰人口の最下層にある極貧層の一部で、浮浪人・犯罪者・売春婦などからなっている。プロレタリアート本来の組織性に欠け、労働運動にたいする資本の反動に利用されやすい」とされている。

筆坂　僕は、兵庫県川辺《かわべ》郡猪名川《いながわ》町という山間地の出身で、被差別部落も身近な存在でした。私の親などは平気で差別発言というか、蔑《さげす》んだいいかたをしていました。小学校は、猪名川町立大島小学校というところでしたが、しょっちゅう学校を休む部落の子がいて、子ども心にも貧しさが伝わってきましたね。
僕自身は、母の差別発言に嫌悪をもって聞いていました。子ども心に理不尽さを感じたからでしょうね。ですから中学でも、高校でも被差別部落の友人とのつきあいも深くて、高校時代は兵庫県の川西市で自炊の下宿をしていましたから、部落の友人の家にしょっちゅう泊まりがけで行き、栄養補給させてもらっていました。

当時、八鹿《ようか》事件（後述）などで共産党と解同が激突している時機に、故郷の猪名川町町会議員選挙があって応援に帰ったのですが、共産党の宣伝カーが部落に入らないんですよ。聞いてみると「暴力をふるわれる。怖い」というんです。僕は「大丈夫だよ。友人がいっぱいいるから、筆坂が一緒だといえ」といって、宣伝カーを乗り入れたということもありましたね。

話がそれましたが、僕は、その当時の被差別部落のおかれていた実態を肌で知っている世代です。

宮崎　いわゆる未雇用の時代ですね。ところが、共産党は革命のためには、あくまでプロレタリアートを組織するわけですから、そこに違いが生じたわけですね。

筆坂　しかし、共産党も、虐《しいた》げられた民衆を救うのが革命の目的だと考えていたから、プロレタリアート本隊ではなくても、手を差し伸べて一緒に闘おうとしたわけです。

ところで、さっき革命至上主義、絶対正義ということをいいましたが、それを支えているのがマルクス主義は科学だという立場です。共産党は、かつてはマルクス・レーニン主義といっていたのを、いまは科学的社会主義と呼んでいますが、私はみずからの理論を科学と呼称したときから、じつは科学ではなくなったと思っています。

その一つがプロレタリアートという概念です。たとえばマルクスは、ブルジョアジーにたいする「墓掘人」として、プロレタリアートを想定しました。この存在と成長が、社会主義は必然だという根拠になりました。ではマルクスが想定したプロレタリアートとは、どういうものだったか。「祖国をもたない」「鉄鎖以外失うべきものをもたない」「彼らが獲得するのは世界である。万国のプロレタリア団結せよ」というものでした。だがこんな労働者は、現実には存在しなかった。労働者は失うべきものも、祖国ももっているのですから。ようするにマルクスのユートピア思想上での存在でしかなかった。

だが共産党の現実の運動は、社会主義は歴史的必然という錦《にしき》の御旗《みはた》をかかげていますから、革命に強烈な使命感をもってしまったのです。いまでは、その使命感を喪失《そうしつ》して、組織原則の民主集中制だけが細々と生き残っているだけですが。

宮崎 ただ、同対審答申がでたころの日本を考えると、高度経済成長の真っ只中なわけです。私がいいたいのは、「革命とは」にありがちな、食えなくなった貧しい人たちこそが立ち上がって、革命のために闘うという絶対窮乏化革命論についてです。かつては、これと同じような認識をもって、革命運動なり労働運動なりがおこなわれていました。

ところが七〇年代に東京の美濃部《みのべ》革新都政や大阪の黒田革新府政など、革新統一候補が自治体首長になっていったベースには、高度経済成長があるわけですよ。日本の左翼運動や革新運動がのびるときは、人民が貧乏で窮乏化したときじゃないんですよ。そういうときには、かえって左翼や革新は力を発揮できない。しかしながら、ある程度余裕がでてきたときに、日本の左翼運動や革新運動は発展しうるという変な法則みたいなものがあって、そのなかで部落解放運動も見ていかなければならないと思うんです。

そう考えてみると、**同対審答申と、それにもとづいて六九年（昭和四四）に成立した特別措置法は、被差別部落民に実質的な生活権の保障をしていこうという、部落にワンテンポ遅れてやってきた高度経済成長といってよいと思います。**この七〇年（昭和四五）を境に、部落解放運動も飛躍的な発展を見るわけですが、同時に共産党との対立も抜き差しならないものとなってきます。

地域開発と同和対策

筆坂　高度経済成長政策を進めていく上でも、部落問題を放置しておいてはダメだ。もっと、とり組んでいかなければということでしょうか。

宮崎　そうです。とり込もうということです。

筆坂　当然それは日本経済の高度成長政策にとって、必要な部分として、被差別部落の地域開発・改善政策をだしてきたわけでしょう。

宮崎　アメリカの経済にしても、マイノリティの貧困層がもっている経済的潜勢力みたいなものを、経済発展の一つの可能性として見ていこうという考えかたがあります。そういう大きな枠組みを、この時代の日本はとらざるを得なかったのだろうと思います。

筆坂　当然、資本主義が発展していくとき、中学卒が「金の卵」といわれたように大量の低賃金労働者を必要とします。これは部落の場合にも例外ではなかったと思います。

宮崎　そういう意味で、非常にタイムリーな答申であったと思います。

それでじっさいに部落の住環境は見違えるようになりました。それは、為政者の意図があったにせよ、乗るべきだったと思いますよ。

その上で、毒まんじゅうという意図がどこまであったのかを見るべきでしょう。いつだって、改良は毒まんじゅうの要素をふくんでいるわけで、致死量の毒を入れて殺してしまおうという場合がないわけではありませんが、同対審答申がそうだったかというと、そういう意図はなかったと思いますよ。もちろん解放同盟にたいしては政治的な対策を別にやっていますが、同対審答申をだすことによって、決定的に堕落《だらく》させてやろうとは考えてなかったんじゃないかと思うわけです。

筆坂　僕も毒まんじゅうではなかったと思う。当時の共産党の批判を調べてみると、こんなことをいっています。「解放同盟内部の反党修正主義者と右翼社会民主主義者は、支配階級が融和《ゆうわ》政策の枠内に部落大衆を包摂《ほうせつ》し、独占資本本位の地域開発政策、労働力流動化政策の犠牲にしようとしているという同対審答申の本質を過小評価し、大衆闘争をないがしろにして行政の同和対策の枠内に闘いをおしとどめていこうとしている」

それじゃ、共産党がとらえた「同対審答申の本質」とは何かというと、同対審答申には絶対主義的天皇制、独占資本主義についての批判がないと、書いてるんですね。だけど、そんなものはないものねだりでしょう。自民党政府の諮問《しもん》にたいして、そんなもの答申に書くわけないじゃないですか。そんな批判は、為《ため》にする口実みたいなもので、じっさいには、やっぱり一歩前進だったんですよ。それは自民党政府にとってもやらざるを得ない政策だったわけで、それで運動が堕落《だらく》するとか、それはまた別の話です。毒かどうかとは、別の話。

五五年体制と部落問題

宮崎　この時代は、政治的にいえば、まさしく五五年体制、華やかなりしころなんです。
筆坂　そうですね。
宮崎　だから、五五年体制と同質の問題は、解放運動のなかにあったと思います。そういう意味で、毒まんじゅうは当然だったんですよ。労働者の賃金がどんどん上がっていった時代なんですから、労働運動やっている人間が、労働者の賃金が上がることは毒まんじゅうだとは、いえなかったはずです。
筆坂　そりゃそうや（笑）。
宮崎　しかしながら、毒まんじゅうを渡すほうとしては、それによって労働運動の変質とか、質のよい従順な労働者をたくさんつくろうという気持ちは、当然あるわけです。だけど、これは意識して仕組むまでもないレベルの話ですよ。

さっき、日本の左翼運動は好況期にしか発展できなかったといいましたけど、労働運動なんかの改良闘争もそうであって、高度成長のもとで保守対革新という擬制《ぎせい》的な対立をつくりだして、じっさいは経済成長そのものを両側から支えながら、そこから得られた果実を労資でわけあって、おたがいに発展してきたというのが実相だったわけです。さらにさかのぼって見るなら、明治維新以降、日本の労働運動の主流はずっとそういうものだったと思いますよ。

ところが、被差別部落と部落解放運動は、戦前から一貫してそういう構図の外にあったんですね。そういう仲間に入れてもらえなかったわけです。唯一、その構図に包摂《ほうせつ》せざるをえなかったのが、戦時中の総動員体制期で、このとき部落を仲間に入れる必要があったし、入れざるを得なかった。

戦後はまた仲間はずれです。それが、右肩上がりの経済成長を持続し、政治的な安定をつくりだすには、部落も五五年体制の擬制《ぎせい》的な対立とわけあいの構図のなかに入れる必要があるし、入れざるを得ない、ということで、できたのが同対審答申と、それにもとづく特別措置法だと思うんですね。

筆坂　なるほど、それはそうでしょうね。問題は、それを見抜けたかどうか、また見抜いた上で、どうするかですね。見抜いていれば、その構図のなかに入っていって、実をとり、あるいはその構図をなかから壊してしまう、という手もありうるわけですね。

宮崎　当時の共産党の同対審答申批判は、その構図のなかに入っていくことをともかく拒絶しよう、外にいなきゃダメだ、という機械的な反撥《はんぱつ》ですよ。いっぽう、解放同盟のなかには、構図を見抜けないまま、いいじゃないかという部分と、見抜いた上で乗っていこうという部分があったと思うんです。

解放同盟の人たちに聞くと、松本治一郎［当時解放同盟委員長で「解放運動の父」といわれ、絶対的な影響力をもっていた。一八八七年―一九六六年没］は、同対審答申にというより、事業中心の特別措置法に反対だったというんです。絶対に部落民を堕落《だらく》させる。組織の弱体化をもたらすと。それでも、のちに同盟の委員長になる上杉《うえすぎ》佐一郎《さいちろう》がなんとか説得して、特別措置法制定までもっていったということです。でも、成立したときには松本治一郎はすでに亡くなっているわけです。

結局、ここ数年来の解放同盟をめぐる不祥事、いわゆる同和利権問題の根元に特別措置法があるのではないか、という声もある。しかし、それはあまりにも短絡的な物の見方でしょう。同対審答申と特別措置法時代には、いい側面もあったし、悪い側面もあった。まえはよい面がでて、生活が改善され、運動が前進したけど、いま、悪い側面として利権の問題がでてきたり、組織が堕落《だらく》して、結局、毒まんじゅうという要素もあったというのが、同盟幹部の認識です。

その毒まんじゅう性を一番察していたのが、朝田善之助《あさだぜんのすけ》だというんですね。当時から危険性を見抜いていて、「これは運動を堕落《だらく》させる」と。京都にはとくに利権がありましたからね。当時京都府連の吉田明委員長は、府商工会連合会の会長です。天皇のお茶会に招かれて喜んでいるような人です。

それで、これは危ないということで、部落民の意識を覚醒《かくせい》させるために狭山闘争の重要性を訴えてきた。朝田善之助《あさだぜんのすけ》の危機感はなかなかのものですよ。だから、そういう意味では、狭山闘争がかなり運動の精神的歯止めになったんです。

解放同盟の元中央委員は、そういうふうに見ていましたが、これはかなりあたっていると思うんですね。実相は、だいたいそんなところだったんじゃないですか。

朝田善之助(あさだ ぜんのすけ)

一九〇二―一九八三　京都の田中部落に生まれ、靴職人として働くなか、米騒動を闘い、全国水平社結成に参加。戦前は、アナ派、ボル派と揺れ動きながら、何度も検挙されたが、全国水平社、部落厚生皇民運動で活動。戦後、部落解放全国委員会の創立メンバー、一九五一年（昭和二六）にみずから指導したオールロマンス闘争を契機に差別行政反対闘争を全国的に組織、「差別に関する三つの命題」などを提起して、解放運動の理論的指導者となった。一九六七〜七五年、解放同盟中央執行委員長。戦後も一九四六〜四九年は日本共産党員だった。

党レベルの論争を大衆団体にもちこむ

宮崎　このような解放同盟にたいする共産党の左翼的批判の背景には、中ソ論争［一九五六年（昭和三一）、ソ連共産党第二〇回大会でのスターリン批判に端を発する。アメリカをはじめ西側諸国との平和共存政策を推進するソ連と、あくまでアメリカ帝国主義を主敵とする中国共産党との、国際共産主義運動の路線をめぐる対立。六九年には、黒竜江の珍宝島（ダマンスキー島）での武力衝突にまで、軍事対立が先鋭化した］の影響を受けた修正主義批判があったと思います。

解放同盟にたいする日本共産党の一連の批判がでたとき、いわゆる「日本のこえ」にたいする批判とは、質的に違うと思ったわけです。「日本のこえ」と共産党との論争は、はじめは党内闘争、除名されてからも党レベルでの論争です。とくにソ連共産党の全人民国家批判という点においては、日本共産党は大きく中国共産党側によっていた時代でした。部分核停〔部分的核実験禁止条約〕の問題は平和と平和共存の問題でしたが、国家論、革命論においてソ連派にたいする批判の理論的根拠を、そのあたりに求めていたわけです。

全人民国家

ソ連では、社会主義建設の進展にともなって、ソ連国家はプロレタリア独裁の段階を終えて全人民によって構成される全人民国家になりつつある、という議論が当時なされていた。一九七七年（昭和五二）の改正ソ連憲法〔いわゆるブレジネフ憲法〕は、この全人民国家論を定式化して、その前文に「ソビエト連邦の勤労者はその創造的活動をつづけ、国の急速で全面的な発展と社会主義体制の改善を保障した。労働者階級、コルホーズ農民階級および人民的インテリゲンチャの同盟と、ソ連の諸民族と諸小民族の友好が強固なものになった。労働者階級を主導力とするソビエト社会の社会的、政治的および思想的な統一が形成された。ソビエト国家はプロレタリアート独裁の任務をはたしおえて、全人民国家となった」という規定がなされた。

宮崎　ただ、党内論争、党レベルでの論争としてはそういうことがあったとしても、日本共産党の解放同盟批判は、非常に乱暴だったと思う。そういう点では、党内論争をそのまま大衆運動のなかにもちこんでしまった危険性は感じていたわけです。その当時、社民主要打撃論と近いような考えかたがあるんじゃないかと見ていました。

もちろん私は、ごりごりの共産党員だったので、ソ連派が出没したと聞いたらすぐ殴りに行って「武力制圧せぇ」という話になったわけです（笑）。しかしながら、解放運動をやっていた連中には何か違うものを感じていました。どうも党中央は社民主要打撃論と同じような誤ちを犯しているのではないか、とそのころ考えはじめていました。

筆坂　大衆の正しい要求を誤った方向に誘導して、改良主義的なものにしてしまうのが社会民主主義だ、という意味での社民主要打撃論ですよね。だからまずこれを打ち破ることが必要だという考えかたですよ。誤った方向というのは、改良主義的な方向のことです。正しい方向に向ければ、革命的な方向に発展していくんだから、まず犯罪的な改良主義分子を駆逐《くちく》しなければならないということになる。

つまり、「われわれは部落大衆の要求にもとづいて正しい運動をしようとしているけれども、同盟中央に巣食った反党修正主義者と社会民主主義者が、誤った方向に誘導してしまっている。だから、こいつらを批判しなければいけない」という論理だったわけですね。これが、宮崎さんのいう「党内論争をそのまま大衆運動のなかにもちこむ」論拠だった。

共産党の路線転換

筆坂 だけど、同対審答申にたいするこんな機械的な否定では大衆運動はできないんだから、共産党も方針を変えざるを得なかったわけでしょ。

司会 そうですね。同対審答申がだされて、共産党はこれを毒まんじゅうだから受け入れるなと批判したのが一九六五年ですが、六七年三月には、それとは正反対といっていい方針がだされるわけです。それが、当時の理論政策委員長の岡正芳《おかまさよし》［日本共産党副委員長で理論政策の責任者的立場にあった人物］が書いた「『地域開発』反対政策の位置づけについて」という、かなり長い論文です。

その中身は、ようするに当時高度成長で地域開発がさまざまなかたちで行われていて、それは当然資本主導でやっていたわけです。そういう地域開発、社会開発に住民はみんな乗ってしまう。「街も変わるし、いろいろな施設が建つし、いい」といって、みんな乗っていく。それにたいして、共産党は絶対反対だといっていたわけです。「こんなものは、全部資本が食い物にするものなんだから」といって、共産党は反対していたわけです。ところが、それでは大衆から浮いてしまう。

そこで岡正芳《おかまさよし》が、「反対するだけではダメだ。これはもともと大衆の要求があって、それをそれなりにとらえて、地域開発が行われているんだから、その大衆の要求をまず見て、その要求にどう応えるのかということを、まず自分たちで打ちだして、その上でこの地域開発はダメだといっていかなければならない」というわけです。それは、いまとなっては当然のことなんですが、それ以前はそうじゃなかった。そのあらわれが同対審答申の否定です。

だから、改良といっても、これはみんな支配者のためなんだ、毒まんじゅうなんだということを主張するだけではダメで、地域住民あるいは部落住民の立場に立って考えなければならないと、方針を変えたわけです。全人民が立ち上がるとか、革命の立場ということじゃなくて、住民、部落民の要求実現の立場に立って考えなければならない、ということを打ちだしてきたわけですね。これは、毒まんじゅうだといって同対審答申を否定したところとは、ほとんど一八〇度の転換です。ただ、この方針転換が共産党系の部落解放運動にはっきりあらわれるのは、それからさらに二年後の一九六九年ごろからです。

岡正芳《おかまさよし》『「地域開発」反対政策の位置づけについて」『赤旗』一九六七年（昭和四二）三月五日付に発表された。そのなかで、次のようにのべている。

「かなめとなることは、苦しい現実から生まれてきている大衆の切実な要求を解決する具体策をあきらかにし、それをしめすことです」

「政策が大衆にとって具体的であり、抜本的であるということは、……それが、大衆の要求から出発して民主連合政府の樹立や革命の達成にいたる発展的な内容をもっているということになります」

「部分的要求の達成は、大衆にとってそれじたい切実な意義をもっており、したがってそれじたいとして重視しなければなりません」

宮崎　それで、解放同盟にたいする批判が、これまでの左翼的批判から右翼的批判に転換するわけですね。それからは、いまにいたるまで、解放同盟と共産党との対立基調はずっと変わっていません。それについては、あらためて検討しましょう。

第3章

矢田《やた》事件、八鹿《ようか》事件

——同盟と党の暴力的対立

対立の第二段階　1969～1975

共産党の方針転換

一九六九年（昭和四四）に入ると、共産党は、それまでとは異なる論点から解放同盟を批判するようになった。

それまで共産党は、政府が部落大衆にあたえようとしている経済的利益は、部落解放運動を解体させようとする意図のもとにおこなわれているのだから、同対審答申に依拠するのではなく、要求実現の大衆運動を強化する方向で運動を進めるべきだとしていた。ところが、今度は、被差別部落固有の要求をそのものとして追求するのではなくて、あくまで全人民的な課題、公正な行政を実現する国民的な課題のなかで、それを位置づけて運動を進めるべきだと主張しはじめたのである。

これによって、共産党と部落解放同盟との対立は、新しい段階を迎えた。

「同和教育」をめぐる対立

一九六九年（昭和四四）春以降、矢田《やた》事件をはじめとする「同和教育」をめぐる対立、吹《すい》田《た》・八尾《やお》・羽曳野《はびきの》などの自治体における「同和事業」の「窓口一本化」問題をめぐる対立と、新たな質の対立がはじまったのである。

同年三月に矢田《やた》事件が起こった。発端《ほったん》は、大阪市教職員組合東南支部役員選挙に立候補した教員の立候補あいさつ文と同僚のすいせん文が差別文書であるとして、解放同盟矢田《やた》支部が教諭ら一五名を糾弾《きゅうだん》したことにあった。共産党は、これらの文書は労働条件の改善を求めたもので差別文書ではないとして、糾弾《きゅうだん》に反対して対立、同盟の矢田《やた》支部役員が監禁《かんきん》罪で起訴される事態に発展した。

この事件の背景には、解放同盟の同和教育にたいする考えかたにたいして共産党が批判を展開していたことがあった。日本共産党『日本共産党と同和問題』〔新日本出版社〕は、同和教育について、次のようにのべていた。

「同和教育は、部落差別から……提起されている課題の民主的解決という独自性をもつが、それは、民主主義教育からはなれて存在するものではなく、基本的には民主主義教育を徹底することによって果たされるものである」

ここでのべられているのは、**部落差別問題を全人民的課題に包摂《ほうせつ》するという立場**である。**これは身分組織として固有の社会闘争を展開しようとする部落解放同盟の立場にたいする否定につながる。**

また、「教師の社会的立場と教育の内容や方法とは混同してはならない」のであって、同和教育は「教育基本法と同対審答申の趣旨」にもとづいておこなわれなければならない。「朝田派〔解放同盟中央〕とこれに屈服《くっぷく》した教育行政の教育内容への介入や干渉をやめさせなければならない」ともいっている。

つまり、「偏向《へんこう》教育」「外部介入・干渉の排除」の名のもとに、解放同盟から分離した同和教育を主張しているのである。

さらには、同和地区をふくむ学校のデラックス校舎、奨学金・入学支度金などの優遇にかんして、「教育条件の整備確立の要求と運動は、あらたな特権を生むようなものではなく、……国民生活擁護《ようご》の全般的課題の解決の前進とあいまつものでなければならない」とのべている。

これは同和対策による逆差別反対、国民全体の生存権優先を主張しているということである。

「窓口一本化」をめぐる対立

同じ一九六九年（昭和四四）六月、解放同盟は吹田《すいた》の山本市長宅を包囲し追及、同和対策事業における「窓口一本化」を約束させる。

七月、八尾《やお》市議会は住宅入居問題での質問を理由に、斉藤俊一議員［共産党］を除名処分にした。

これらの事件の背景には、一九六九年（昭和四四）七月に公布・施行された「同和対策事業特別措置法」および同法「施行令」をめぐる対立があった。同和教育をめぐる対立も、基本的には、この対立と関連したものであった。

部落解放同盟内部の共産党支持者たちは、解放同盟に窓口を一本化することに反対して、解放同盟とは別組織をつくって対抗するとともに、共産党が与党となっている革新自治体に依拠して、「公正」な行政を実現する運動を展開した。

一九七〇年（昭和四五）六月には共産党が指導する「部落解放同盟正常化全国連絡会議」［正常化連］が結成された。

一九七一年（昭和四六）四月に共産党が指導する黒田革新大阪府政［二期目］誕生。七月に解放同盟は「窓口一本化」を要求して、吹田《すいた》市長を追及した。

解放同盟批判を強める共産党は、各地で「反解同」政策をかかげて自治体進出を図《はか》り、一九七三年（昭和四八）四月には、羽曳野《はびきの》市で共産党員の津田一朗市長が誕生した。これにたいして、翌年一月〜二月に解放同盟は、羽曳野《はびきの》市庁舎を占拠するなどして、激しく対抗した。

八鹿《ようか》・朝来《あさご》事件

両者の対立が激化し、暴力をふくめた抗争の様相をていするようになるなかで、一九七四年（昭和四九）九月から一一月にかけて、兵庫県但馬《たじま》地方で一連の衝突事件が発生した。それが八鹿《ようか》・朝来《あさご》事件である。二〇一〇年（平成二二）七月二〇日時点のウィキペディアには、次のように事件の説明が書かれている。

「八鹿《ようか》高校事件とは、一九七四年、兵庫県八鹿《ようか》町［現養父市］の八鹿《ようか》高等学校で、集団下校しようとした教職員約六〇名が部落解放同盟と衝突し、四八名が負傷、うち二九名が重傷、一名が危篤となった事件。但馬地方ではこの事件以前から同様の衝突事件が起きており、一連の関係事件八件、被害者二〇〇名として多数の解放同盟員が起訴された。それらを総称して、『八鹿《ようか》・朝来《あさご》事件』と呼ぶこともある」（Wikipedia）

部落解放同盟系の解放出版社が編集・発行した『新修部落問題事典』では、その事件の原因について、「県庁幹部職員山田久による、自分の息子と交際している八鹿《ようか》高校在学の部落出身女子生徒との交際を止めさせようとして出した差別文書事件」「部落の生徒が中心となり部落解放研究会設立の動きがでてきたが……職員会議で認められなかった」「［教職員が］解放研生徒との同和教育についての話しあいを拒否した」「生徒はハンストに入ったが、教職員はハンストを行っている生徒たちを放置した」などとのべている。

実力による糾弾《きゅうだん》と暴力反対

こうした一連の暴力的衝突で対立は激化の一途をたどった。

解放同盟は、共産党を「差別者集団宮本一派」と規定し、実力による糾弾《きゅうだん》をおこなっていった［一九七四年（昭和四九）の解放同盟第二九回全国大会からは、正式に日本共産党という呼称を止め、「差別者集団宮本一派」と呼ぶことになる］。

それにたいして、共産党は世論に訴えながら、暴力反対を前面にだし、それは八鹿《ようか》・朝来《あさご》事件以後、全面的に展開されることになる。**共産党は、一九六〇年代までは、対立・抗争のなかで暴力がふるわれても、それにたいして自力救済で対応し、権力に告訴するという手段は**

とらなかったが、すでに大学学園闘争のなかではじまっていた告訴路線がここで全面開花することになる。

差別の諸相に対立が発展・深化

このような衝突事件のいっぽうで、共産党と解放同盟の対立は、差別に関連したさまざまな問題にまで広がり発展していった。共産党は、解放同盟にたいする「右翼的」批判を、「教師聖職」論、「公務員は全体の奉仕者」論、「正しい市民道徳教育」論などとして理論化・定式化していくことになる。

一九七〇年（昭和四五）末には、住井すゑ原作・今井正監督の映画『橋のない川』第二部が差別を助長する映画だとする解放同盟の指摘から、各地で上映阻止闘争がとり組まれ、この映画を支持する共産党系の労働組合員、学生などとの衝突が起こった。

一九七四年（昭和四九）四月、共産党は「教師聖職」論を発表した。

その内容は、「自民党の『教師＝聖職論』に単純に機械的に反発して、教師は労働者であるだけで「聖職」ではないなどというのも、正しくありません。……専門家たる教師の活動は、こどもの人格形成にも文化の発展にも、直接の重大な影響をもっています。この意味で、教職はたしかに聖職といってもいいでしょう」〔一九七四年四月一七日『赤旗』〕というものであった。

これをきっかけに、教育論・教師論で解放同盟と真っ向から対立した。

また、共産党は、同年七月の参議院選挙に向けた政策のなかで、「正しい市民道徳の教育をすすめる」政策を発表した。

そのなかでは、「民主連合政府の教育政策は、いわゆる『偏向《へんこう》教育』とは無縁であり……」「憲法、教育基本法の理念にもとづいて、民主的な社会の形成者にふさわしい道徳をほんとうに身につけるための教育を重視します」とのべて、「偏向《へんこう》教育反対」「民主的な道徳教育」をかかげていた。

これは、解放同盟が推進する「解放教育」を否定するものであった。

さらに、一九七五年（昭和五〇）三月、共産党は「公務員は全体の奉仕者」論を発表し、「本来、公務員労働者は、憲法第一五条に規定された、国民奉仕の職務の遂行者である」とのべて、これを「解放同盟の圧力に屈しない公正な行政」をもとめる根拠とした。

また、三月二三日付『赤旗』に宮本顕治《みやもとけんじ》委員長の談話「住民本位の行政を効率的な機構で〜地方自治体の人件費問題その他をめぐる日本共産党の見解」を発表したが、このなかで、
①公務員労働者はもちろん労働者ではあるが、同時に憲法に定められた「全体の奉仕者」で

もあること。
②公務員が賃金や労働条件の向上を求めてたたかうことは労働者としての当然の権利ではあるけれども、同時に「全体の奉仕者」として国民や住民から支持され、納得を得られるものでなくてはならないこと。
③したがってその水準や闘争方法も国民の理解と納得を得られる内容と方法で進められるべきものであること。
――などを主張した。

こうして、自治体論・公務員論で解放同盟と真っ向対立することになる。

また、同年四月には『赤旗』掲載の「マスコミと『解同』タブー」、六月九日付『赤旗』「いわゆる『差別用語』問題について」などをきっかけに「言葉狩り」キャンペーンをくりひろげ、差別語問題でも解放同盟と深刻な対立をていするにいたった。

＊　＊　＊

共産党の方向転換じたいは正しかった

筆坂　さっきの地域開発にかんする話ですが、ようするにこれは条件闘争ですよね。住民の要求にそって、条件闘争もやるべきである。あるいは、対案も提起すべきである、ということを打ちだしていくわけです。

僕は、それはそれで正しかったと思います。そうしないと、共産党が選挙で多数の支持を受けることはできないわけですからね。「地域開発反対！　中央高速道路反対！」なんて全部反対していたんじゃ、相手にされなくなるでしょう。そういう意味では、方向転換したのは、当時の共産党としては正しかったと思います。それは現実的な対応でした。

しかし、その現実的な対応をずっと積み重ねていくと、どんどん革命は遠のいていきます。現実的な対応と将来的な目標が乖離《かいり》していってしまう。そのジレンマにおちいるんですよ。

たとえば、もともと共産党に経済政策はないんですよ。綱領《こうりょう》に書いてあることだって、「搾取《さくしゅ》、収奪《しゅうだつ》をなくします」ということだけです。六一年綱領《こうりょう》でいえば、「金融機関、重要産業の独占企業は国有化します」ということぐらいです。「独占資本にたいする人民的統制をつうじて、独占資本の金融機関と重要産業の国有化をめざし、必要と条件におうじて一定の独占企業の国有化とその民主的管理を提起してたたかう」といっていました。そこに、経済運営についての政策なんてないわけです。そもそもマルクス主義の立場からすると、資本主義経済の運営をどううまくやるかなんて、そんな発想はないわけでしょう。

共産党綱領《こうりょう》の経済政策

現在の日本共産党綱領《こうりょう》［二〇〇四年、第二三回党大会で採択］では、「経済的分野での民主的改革」として次の六点をあげている。

1　「ルールなき資本主義」の現状を打破し、労働者の長時間労働や一方的解雇の規制をふくめ、ヨーロッパの主要資本主義諸国や国際条約などの到達点も踏まえつつ、国民の生活と権利を守る「ルールある経済社会」をつくる。

2　大企業にたいする民主的規制を主な手段として、その横暴な経済支配をおさえる。民主的規制を通じて、労働者や消費者、中小企業と地域経済、環境にたいする社会的責任を大企業にはたさせ、国民の生活と権利を守るルールづくりを促進するとともに、つりあいのとれた経済の発展をはかる。経済活動や軍事基地などによる環境破壊と公害に反対し、自然保護と環境保全のための規制措置を強化する。
3　国民生活の安全の確保および国内資源の有効な活用の見地から、食料自給率の向上、安全優先のエネルギー体制と自給率の引きあげを重視し、農林水産政策、エネルギー政策の根本的な転換をはかる。国の産業政策のなかで、農業を基幹的な生産部門として位置づける。
4　国民各層の生活を支える基本的制度として、社会保障制度の総合的な充実と確立をはかる。子どもの健康と福祉、子育ての援助のための社会施設と措置の確立を重視する。日本社会として、少子化傾向の克服に力をそそぐ。
5　国の予算で、むだな大型公共事業をはじめ、大企業・大銀行本位の支出や軍事費を優先させている現状をあらため、国民のくらしと社会保障に重点をおいた財政・経済の運営をめざす。大企業・大資産家優遇の税制をあらため、負担能力に応じた負担という原則にたった税制と社会保障制度の確立をめざす。
6　すべての国ぐにとの平等・互恵の経済関係を促進し、南北問題や地球環境問題など、世界的規模の問題の解決への積極的な貢献をはかる。
また、「『国有化』や『集団化』の看板で、生産者を抑圧する官僚専制の体制をつくりあげた旧ソ連の誤りは、絶対に再現させてはならない」と、「国有化」を否定し、「市場経済を通じて社会主義に進む」と市場経済を肯定し、「国民の消費生活を統制したり画一化したりするいわゆる『統制経済』は、……全面的に否定される」としている。

筆坂　そうすると、現実的な対応としては、たとえばいまでもそうですけど、結局、個人消費重視路線におちいっていくわけです。需要をどうやって生みだしていくか。供給と需要のアンバランスがある、需給ギャップがある、だったら、需要を高めていくにはどうするか。公共投資も否定はしないけれども個人消費だ、となるわけです。結局、ケインズ主義にひたすら近づいていくことになります。

僕が共産党の政策委員長だったときにテレビ討論会にでて、相手の自民党の町村信孝さんに「なんだ、共産党はケインズじゃないか」といわれたんです。残念ながら、「いわれてみりゃあな」ということですよ（笑）。いつのまにか、共産党の経済政策はケインズ主義になっていたんです。改良という方向でいけば、必然的にそうなる。こういう問題が一つある。

もう一つは、いま盛んに資本主義の危機が深まって、マルクスが再評価されていますが、だったらなんで革命にならないんだよ、ということです。共産党は、資本主義の危機が深まって革命が近づいたというんじゃなくて、むしろ資本主義を再建しなければならないといわんばかりの主張です。いま委員長の志位和夫《しいかずお》さんが一所懸命いっていることは、「ルールある資本主義を再構築しよう」ということです。新しい綱領《こうりよう》にも「ルールなき資本主義」の現状を打破してルールある経済社会をつくる、と書いてある。結局、資本主義擁護《ようご》論なんですよ。そこに行かざるを得ないわけです。

それと、最近、不破哲三《ふわてつぞう》さんが「社会主義の実現にはこれから何世紀もかかる」といってるんですよね。去年（二〇〇九年）四月に北京でおこなわれた日本共産党と中国共産党の理論会談――この理論会談は、一九九五年からはじまったもので、今回で三回目です――をまとめた『激動の世界はどこに向かうか』〔新日本出版社〕という本のなかで、二一世紀にも資本主義は存続するといっています。

二一世紀にも資本主義は存続する

不破哲三《ふわてつぞう》は、『激動の世界はどこに向かうか』〔新日本出版社〕で次のようにのべている。

「では資本主義の前途をどう見るかというと、私たちは長い視野、長い尺度で資本主義の前途を見る必要があると、考えています。

それは、経済体制としてどんなに破綻《はたん》しても、それはただちに資本主義の終焉《しゅうえん》を意味するものとはならないからです。どんな国の場合にも、資本主義の体制が終わるということは、その国の内部で革命の条件が熟し、それが成功する、ということであって、そのことがないかぎり、資本主義は終わりません。だから、資本主義の矛盾を露呈《ろてい》しながらも、あるいは地球上での支配圏域がさらに狭くなりながらも、いわば弱体化した資本主義が存続しつづける、ということも、当然起こりうることです」

宮崎　われわれが最初「七〇年代の遅くない時期に民主連合政府をつくる」と聞いたときには、七〇年代に革命やるのかと、その気になって「俺も地下にもぐる日がとうとう来たか」なんて思ったもんだけど（笑）。まったく正反対の意味だったってことだね。つまり革命をやらない政府、社会主義を何世紀も先に延ばす政府を早くつくろうという……。

解放教育か、民主教育か

司会　共産党がそういう方向へはっきりと転換したのは、ちょうど、解放同盟との対立が新しい段階に入った一九六九年ごろのことだったと思います。対立激化のきっかけは同和教育にたいするとらえかたの違いにあったと思われます。
矢田《やた》事件は、共産党系の教師がいった「同和教育、越境《えっきょう》入学解消のとり組みにともなう教員の増員、転勤が教員の労働条件を悪化させている」という主張を、労働条件改善に名を借りて同和教育の推進を妨害《ぼうがい》するもので差別だ、と解放同盟が批判します。ちなみに部落や在日朝鮮人生徒の多い地区、スラム地域を避けて越境《えっきょう》入学している実態は大阪、奈良、兵庫、京都で、じっさいに多かったわけです。それはともかく、これにたいして、共産党は、労働条件の改善を要求することは差別とは関係がなく、それを差別だとして攻撃するのは労働運動と民主教育に敵対するものだ、と反論したところから、糾弾《きゅうだん》が暴力的なものに発展したものでした。

解放同盟が同和教育を「反差別闘争の一環」として部落の「内側」からとらえていくのにたいして、共産党は「民主教育の一環」として教育全体から「部落にとっては「外側」から」とらえていきます。だから、共産党にとっては、同和教育は、教育内容の民主化の一つの部分であり、また教員の労働条件などとも関連した問題になってきます。ところが、そういうふうに部落にとって外的な視点から同和教育をとりあつかうことは、解放同盟の視点では「差別的」だと映

るわけです。

宮崎　これは、当時の大学学園闘争における対立とも関連していると思いますね。共産党は、大学学園闘争を「教育・研究の自主的・民主的発展」という外的な観点からとらえて、「大学民主化」をかかげる。それにたいして、全共闘は「教育・研究の帝国主義的性格」を問題にして、内側から「帝国主義大学解体」「教育工場解体」を唱えたわけです。

　これは、どちらも大学における、あるいは教育・研究における階級性の問題、権力の問題をとらえそこなっているんですよ。共産党は大学や教育・研究が中立的なもので、にない手しだいでどうにでもなるものだととらえてしまう。全共闘のとらえかただと、大学じたい、教育・研究じたいがまるごと階級的なもので、権力の道具だということになってしまう。

　そうじゃなくて、かなり抽象的な話になりますが、**何々のための大学、何々の役に立つ教育・研究という、その何々が設定されるところに階級性があり、権力性がはたらくんですよ。**これは、同和教育も同じで、部落解放のための教育、部落差別解消に役に立つ教育というふうに設定するところに、ブルジョア民主主義性なり権力性が入ってくるんです。

筆坂　そうすると、部落解放のための教育、民主主義のための教育というのも同じことだということですか。解放同盟は、同和教育はあくまでも反差別の教育運動だととらえている。ようするに「反差別闘争の一環」として教育の問題にとり組んでいる。それにたいして、共産党は同和教育は「民主教育の一環」であって、民主教育のなかの一つの分野として同和教育があるという。日本人の教育全体のなかに位置づけられるべきだという考えかたなわけでしょう。そこには大きな違いがあると思いますが、宮崎さんは、それ以前に、共産党も解放同盟も、教育のとらえかたに共通した誤りがある、というわけですか。

宮崎　そうです。さきにもいったように、権力性の問題を抜きにした議論の危険性についてです。部落解放に役立つ教育か、民主教育に役立つ教育かという違いだけでしょ。そのときに思ったんですが、**民主教育と愛国教育は同じですよ**。つまり、そもそも、教育でもって子どもたちをマインドコントロールしようという発想じたい、どこかいびつなんじゃないのか、ということです。

筆坂　たしかに、民主教育と愛国教育が一緒だというのは、いい得て妙やな。

宮崎　一緒でしょう。「君が代」を「インターナショナル」に変えただけの話じゃないですか。思想・良心の自由をかかげて、「君が代」を歌わせることはよくないというなら、同じ論理で、「インターナショナル」を歌わせることもよくないということになるわけでしょう。そこのところを押さえない民主教育論はおかしいですよ。

筆坂　それは、本当にそのとおり。だから、民主教育なんていってはいかんのですよ。共産党は、何でも「民主」とつければいいものと考えていますが、これは共産党という政党の思考停止を象徴するものでしてね。その民主主義の内容はといえば、共産党の主張に沿っているかどうかが基準なんですから、民主教育も結局そういうことになってしまうんです。

一九四六年に共産党が憲法草案を発表しますが、その第九条に「民主主義的政党ならびに大衆団体にたいし印刷所・用紙・公共建築物・通信手段その他この権力を行使するために必要な物質的条件を提供する」とあるんです。いまでいえば政党助成金のようなものですが、ただし「民主主義的」でなければならない、という条件がついている。おそらく自民党などは反動的政党と認定され、助成はされないということですよ。民主教育であれ、愛国教育であれ、結局、ときの権力の恣意《しい》にゆだねるということでは同じです。

宮崎　そういう二項対立で運動を展開せざるを得なかった日本の社会運動の限界が、いっぱいでていているのが今日の体たらくの現状でしょう。

「大衆運動の論理」×「公正な行政の論理」

司会　対立のもう一つの焦点になった「窓口一本化」の問題にも、この「同和〔解放〕教育か、民主教育か」と同じようなところがあります。

共産党は、「窓口一本化」は行政のありかたとして公正ではないとして、「公正な行政」という論理からこれを攻撃しましたが、解放同盟にすれば、大衆が大衆組織に結集して要求を実現していく上では、行政にたいする交渉窓口が一本化されることは必要なことだ、労働組合が第二組合との団交を認めないのと同じだとして、「大衆運動の論理」からこれに反対しました。この時点でふり返ってみれば、ついこの間までは、共産党も同じ論理で部落解放運動をふくめた大衆運動を進めていたわけです。

この「公正な行政の論理」対「大衆運動の論理」を、このときの状況をふまえた問題として、また一般的な問題として、どのように考えられますか。

筆坂　**共産党は、改良主義批判の革命主義から革命主義批判の改良主義に転換したわけですが、**

そうしたら同和事業における要求獲得に参画しなければならないわけです。ところが、改良主義批判で、解放同盟から離れてしまったので、それができない。そこで、それまでの大衆運動の論理を捨てて、どんな団体でも参加できるようにしろ、というようになったわけですね。

宮崎　解放同盟を左翼的に批判していたころまでは、共産党も「窓口一本化」は大衆運動の原則であるという態度をとっていたわけですよ。それを否定するようになったのは、大衆運動の論理を変えたというよりは、大衆運動そのものを実質的に放棄《ほうき》するようになったからなんですね。

共産党もかつては「窓口一本化」を原則としていた

たとえば、共産党員で部落問題研究所事務局長だった東上高志《とうじょうたかし》〔教育学者。文化厚生会館問題では、井上清、藤谷俊雄ら共産党系理事とともに、京都府連との対決路線を主導した〕は、一九七二年（昭和四七）に刊行された『やさしい部落問題』〔部落問題研究所〕のなかで、限られた数しか建設できなかった部落の公営住宅への入居者をどう選ぶかという問題にかんして、解放同盟が入居希望者全員に解放同盟のもとに集まってもらい、話しあいで解決しようとした例をあげて、このような方式のなかでこそ「部落の人たちは、団結の思想を学びとり、統一の思想をかちとっているのでした」とのべ、このような統一された要求運動こそが「部落民に市民的権利を行政的に完全に保障させることを通して、日本の平和と独立と民主主義を達成する」ことができるのだ、としていた。

また、解放同盟大阪府連における共産党系の方針も「窓口一本化」であった。一九六七年（昭和四二）の部落解放研究第一回全国集会では、次のように発言されている［解放同盟中央本部編『解放理論の創造』］。

「大阪府連の方針として同一要求、同一組織という方針をとっています。私どもの部落にも『同和会』という何人かの実態不明のものがあり、これらはつねに行政の反動的な部分と結託して、部落に分裂を持ち込もうとします。したがって、そういうことを当時から予測していたので、住宅を要求する人たちは部落解放同盟が主張する住宅要求組合を通じてしか入居できないこと、その他要求は一切住宅要求者組合を通して行なうということを確認させた。そのことが確立してからさらに同盟は強化されてきている」

筆坂　大衆団体では、獲得した要求を自己管理するためになんらかのシステムをつくる必要はあると思います。そうしないと、運動が分裂させられる恐れがありますからね。「窓口一本化」は、そういうシステムの一つのかたちですよね。それと公正な行政は対立するものではないと思う。

宮崎　戦前、平沼騏一郎《ひらぬまきいちろう》［検事総長、法相、内相を歴任。一九二五年中央融和《ゆうわ》事業協会をつくり、会長となる。一九三九年には首相］は、被差別部落をてなづけるために、中央融和《ゆうわ》事業協会［一九二五年内務省社会局内に設置、主な融和《ゆうわ》団体を吸収・合併し、内務省の方針を全国の融和《ゆうわ》団体に浸透させ、水平社の運動に対抗した］をつくったわけですが、その融和《ゆうわ》事業協会が部落で事業をおこなうときに、水平社の支部のある部落には事業を実施しないわけです。ほかの部落に予算を下ろしていく。そういう分裂の道具として使われた経緯があります。「窓口一本化」は、それを教訓にして、戦後は運動体じたいが予算をとり、それをコントロールするという方式を確立した。それで自主的に配分する。そうしないと分裂させられるということで、この方式を率先してやったのは共産党ですよ。

　だから、「窓口一本化」は、運動組織の防衛、分断政策にたいする対抗としては基本的に正しいんです。

暴力をふるわれっぱなしの共産党

司会　共産党が議会主義の方向に路線転換したこととも関係があると思いますが、その「合法」路線を、暴力的な対決のなかでも、あくまで貫徹しようとしたのは、考えてみればすごいことではないかと思います。

六〇年代末から七〇年代前半は、共産党は解放同盟との間で、非常に熾烈《しれつ》な闘争をやっていたわけです。これは、路線の対立のほかに、たしかに両者の体質の違い、みたいなものもあったと思いますが、あれだけの暴力的な対立に発展していったのは、一体どうしてだったのか、どういう意味があったのか。政治的なヘゲモニーのとりあいという要素もあると思いますが、それだけではないと思うんですが。

宮崎　矢田《やた》・八鹿《ようか》事件なんかに象徴されるような衝突があったし、そのまえにも京都で文化厚生会館の問題があったときに、暴力的な対立が起こっています。私なんかはすでに六〇年代末の学生運動で、新左翼の連中との暴力対決を体験しているわけです。その経験から見た場合、この解放同盟との暴力的な対決では、一方的に共産党がやられているだけなんです。じつはたいした抵抗はできていない。

筆坂　たしかに矢田《やた》や八鹿《ようか》のときは、共産党側もゲバ棒をにぎった東大闘争を反省したのかどうかは知りませんが、一方的にやられっぱなしだったわけですよね。そして、そのあと共産党はどうするかといえば、部落解放同盟に暴力集団というレッテルを貼って孤立させるという作戦にでるわけでしょう。そういう意味では、高度な戦術だったのかもしれない。だから、共産党員の村長や町長が次々誕生していったじゃないですか。結局「あんなふうに暴力をふるう、窓口一本化して利権あさりする、こんなことでいいのか！」といって、解放同盟を孤立させて、包囲していくわけです。

宮崎　暴力対決では、一方的に共産党がやられているだけ。解放同盟は、そういう点ではゲバルトは強かったですね。私は、強いか弱いかでしか見ないから（笑）。解放同盟は圧倒的に強かった。私の友達で、早稲田大学を卒業して、大阪の民青の幹部をやってたヤツも、解放同盟とのゲバルトに動員されていって、めちゃくちゃ殴られたという話をしてましたね。

そして、この時期に一気に日本共産党の体質が変わっていったと思います。議会主義の問題もふくめて、全面的に変わっていく時期にぶつかっていたのではないか。その点において、六〇年代末の新左翼と民青の衝突と、七〇年代半ばからの衝突の実相は、相当違っていたように思います。

筆坂　矢田《やた》事件・八鹿《ようか》事件は、まさに「解放同盟の暴力にめげず公正な行政を守ろうとした共産党」というイメージをつくりだしたわけですよね。それで票になるし……。

宮崎　だから、それ以後は、もう物理的衝突はできるだけ避ける。どうしてもやらなければならないときは、負ける。それによって、大衆的な同情をかって、票に結びつけていくという路線への明確な転換があったんだろうと思います。

筆坂　それはある程度成功しましたね。

八鹿《ようか》高校事件のときには、たしか木下元二《きのしたもとに》という弁護士で兵庫二区［当時］選出の衆議院議員が、解同によって教師と一緒に監禁《かんきん》されてしまいました。それを救出するために共産党は全力をあげたんですが、そのなかに兵庫選出の安武《やすたけ》ひろ子参議院議員がいました。当時、私は安武議員の秘書をしていたのですが、その安武議員も監禁《かんきん》されてしまったと記憶しています。共産党と解同の激しい闘争でしたね。

この事件が大きなエポックになって、「解同はひどい。この解同と闘えるのは共産党しかない」ということになった。とくに兵庫県では、住民の目のまえでこれがくり広げられるわけですから、解同が影響力を低下させていったのは当然でした。住民もなかなか怜悧《れいり》なもので、「毒をもって毒を制す」というわけです。

共産党が仕組んだ衝突？

解放同盟側は、一連の衝突事件において、暴力的衝突が起こるように共産党側が仕組んで、大宣伝する準備を整えていた、と主張している。たとえば、八鹿《ようか》高校事件については、

《高教組組合員でもある教師たちは城崎温泉に宿泊しながら、兵庫高教組委員長［共産党員］や共産党参議院議員の指導を受けていた。教師たちが暴行されたとする「糾弾会《きゅうだんかい》」の最中、八鹿《ようか》高校の教師から、「共産党は八鹿《ようか》闘争を全党をあげてとり組む。全国の天王山として背水の陣を敷いて臨む」「わなをかけて誘い込め。決戦する土俵が出来た」と記されたメモが発見され、また、衝突の直前、教室で教師が生徒にたいして、「これから校庭で起きることをよく見ておけ」と発言していることもそこで指摘されている。『赤旗』記者をかなり以前から常駐させていたこと、一一月二二日の衝突前に、共産党系病院に教師を入院させる手はずを整えていることもあきらかになっており、共産党側

が、八鹿《ようか》高校の解放研公認問題を解放同盟との一大決戦の場と位置づけ、周到な準備をしていた》

と主張している。

宮崎　それ以前、われわれ六〇年代末の大学民青は新左翼と同じレベルでの闘争をやっていたわけです。「お前ら議論ばっかりして革命をせんのか」と細胞会議なんかでバンバン批判したわけです。そうすると、新左翼と同じような発想でゲバルト部隊も必要になってくる。新左翼のゲバとほとんど同じレベルで、革命運動の主導権争いのためのゲバルトをやっていた。

だから東大闘争でゲバをやっていた六八年九月から一〇月ごろには、正当防衛権は、もともと革命権にもとづくものであるという論文が、『赤旗』に載《の》りましたからね。で、これはもともと自力救済行為で、ある状況のもとで法に訴えられないときにみずからを救うためにやらなければならない行為だというわけで、暴力革命の論理と同じなんですよ。あの論文を読んで、革命はもともとそういうものなのだから、われわれは革命権にもとづいて対決しているんだということで、その気になっていましたけどね（笑）。

筆坂　ところが、それがしばらくすると、一八〇度転換して、そうじゃないということになっていった。正当防衛もいわなくなりますよね。そして、告訴路線になるわけです。暴力でやられたら告訴しろという方針になる。

宮崎　だから、矢田《やた》事件、八鹿《ようか》事件でも、裁判所にどんどん訴えていくわけです。国家権力というのは、共産党にとってなんなんだ。味方なのかということになるわけです。

筆坂　そういうふうに共産党が法律遵守・告訴路線に転換していく大きなきっかけが、部落解放同盟との抗争のなかからでて来たというわけですね。

公正な行政なんてありえない

宮崎　それから、もう一つは、最近「朝まで生テレビ」で大谷昭宏《おおたにあきひろ》［ジャーナリスト］と穀田《こくた》恵二《けいじ》［共産党国会対策委員長］との間で民主党の小沢問題について論争がありましたが、これも、ようするに、公正な行政という問題につながるわけです。「お前ら、共産党は治安維持法で弾圧を受けた検察相手に、東京地検特捜部がんばれ！　というエールを送っていいのか⁉　お前らは歴史をどう考えているのか」という問題提起が大谷の主張でした。

つまり、**公正な行政を無限定に主張している者は、日本における官僚制度を知らないということです。明治維新以降の日本国家をつくってきたのは官僚であり、官僚こそまさしく権力の実体であった。そういう歴史認識をもてないで、官僚は中立的な存在であるべきだから、ちゃんと公平にあつかえということじたいが、幻想をふりまいているにすぎないわけです。**

しかし、その萌芽《ほうが》は、六〇年代末の当時からあったと思います。たとえば東大闘争や早稲田闘争にしても、新左翼に影響を受けた学生が自然発生的に決起していくわけでしょう。それを警察がパクったりするわけじゃないですか。そのときに、われわれはそれはいかんということになるわけです。ところが、党委員会や中央委員会は、イヌがイヌを喰っているんだからそれでいいじゃないか、という発想なんです。

筆坂　なるほど。反革命トロツキストは権力の走狗《そうく》なんだから、権力のイヌである警察と同じだ、警察が新左翼の学生を逮捕しても、イヌがイヌを喰っているだけだというわけだね。

宮崎　そういうことをいうから、私はブチンと切れたわけです。「そうか、わかった、お前らはお前らで勝手にやれ。俺たちは俺たちでやる」というふうになっていく。だから、公正な行政だとか、公務員は全体の奉仕者だとかいいはじめたときには、なにゆうてんねや、となったわけですよ。

被差別民への差別意識と同盟軍意識

筆坂　それから、部落解放運動と学生運動との大きな違いは、一般大衆のなかにある部落への差別意識です。これが、共産党のほうがそこまで計算したかどうかは別にして、やっぱりじっさいには働くんですよ。とくに選挙なんかになれば、あきらかに働いたと僕は思います。「まあ部落にくらべたら、共産党のほうがええやろ」という意識が、働いたと思います。

宮崎　「部落は怖い」というのもあるし、共産党が「解同の暴力に屈せず……」とやっていると、そうかなということになる。それと、「不公平な行政をやっている」「利権をあさっている」という批判は、わりあいわかりやすいし、入りやすい。暴力と利権の解放同盟と正義と公正の共産党、という図式がすっと入っていくことになる。

司会　ですが、じっさいに地域で彼らに接していた共産党の一般党員というか支部の活動家は、被差別部落民や解放同盟の支部の人たちのことをどう考えていたんでしょうね。

宮崎　そりゃ、末端で活動していた党員は同盟軍だと考えてましたよ。だから、共産党の地区委員会でも、京都の崇仁《すうじん》地区［被差別部落地域］なんかは、解放同盟の支部とほぼ同じようなところにあって、出入り自由みたいなところがありましたからね。

筆坂　僕自身もそうでしたけど、現実に共産党員だって大企業などの職場に入れば、やっぱり差別されるわけですよ。部落差別とはまったく違うけれども、「共産党員だ」ということで受ける差別はあります。そういう点では、もう理屈ではなくて同盟軍だということが、自然に芽生えますよね。

宮崎　末端で活動している党員はそうなんですよ。でも、中央の党官僚なんかはそうじゃない。まえに金天海《きんてんかい》のことを調べて『不逞者《ふていもの》』を書いたんですけど、日本共産党は金天海《きんてんかい》のような在日朝鮮人の革命家も中央委員にしたことがあったわけです。そういう時代があった。

金天海（きんてんかい／キムチョンヘ）
一八九九―没年不明　本名・金鶴儀《キムハギ》。戦前から日本に渡り、在日朝鮮人の労働組合の指導などに従事。治安維持法違反で検挙され、非転向のまま出獄すると、在日本朝鮮人聯盟を組織、日本共産党中央委員として活動。「在日の星」といわれた。朝鮮戦争前夜に祖国に帰って、朝鮮労働党で活動したが、六〇年代末に粛清《しゅくせい》されたと見られている。

筆坂　そうですね。そういう時代がありました。

宮崎　ところが、やがて、それを排除していくわけでしょう。その過程を経た共産党中央は、解放同盟を切っていく。そこには、さまざまな政治的状況は違ったとしても、発想のなかに通底するものがあったのではないかと思っています。**在日朝鮮人を切ってしまうことと被差別部落民を切ってしまうこととの間には、同一の発想が潜んでいる。**

筆坂　マイノリティの戦闘性を利用できるときには利用して、邪魔になったら切り捨ててしまうということですね。

宮崎　そうです。それは、基本的に権力者の発想なんですよ。

　被差別部落出身の共産党員は何人も知っています。僕が知っているのは、学生運動の時代ですが、そのなかで、被差別部落出身の活動家は、非常に献身的だったということです。たとえば、大阪の活動家でしたけど、「お前、寝なくても大丈夫か?」「いやぁ、もう少しがんばりますわ」というような調子でね、ものすごい情熱みたいなものが感じられました。それから、在日で帰化したヤツとか、被差別を出自としている活動家というのは、けっこう献身的だったという実感があるんです。

　それで、共産党が解放同盟批判をやりはじめた時代に、そういう連中は党から離れていくんですよ。しだいに共産党から距離をおいていく。そして、全共闘に流れていったという事実があるわけです。

大衆に自立されては困る

筆坂　在日朝鮮人の組織や被差別部落民の組織は、非常に強い独自の要求をもっていますから、自立しやすいんですね。自立した大衆運動になりやすい。これは、まえに問題になった一重組織か二重組織かという問題ともかかわりますが、在日や部落の組織は一重組織に行く傾向がある。そして、一重組織は、結局、大衆自立の方向に行くんですよね。ところが、共産党としては自立されては困る、全人民的な運動に組みこまなくてはならないし、あくまで党の指導のもとにおかれなければならない、ということがあるわけです。

宮崎　在日や部落だけではなくて、もっと一般に視野を広げてみても、民族民主統一戦線とか全人民的な統一戦線とか、「統一戦線」という以上は、いろいろな分野の連合体なわけですが、個別大衆組織固有の要求は、当然あるわけです。個別大衆組織固有の要求は、必ず全体の要求とは相容れないところがある。それが前提になったうえで、統一戦線や共同戦線がつくられるわけです。共産党は、そこが許せないんですよ。それで、要求じたいの統一をやろうとする。しかし、強い固有の要求は、それでは収まりがつかないから、やがては、統一要求からそれぞれがはみだしていってしまうわけです。

筆坂　たしかにそうだと思います。そういう大衆組織自立の方向は、共産党としては許しがたいわけです。

宮崎　統一戦線や共同戦線というのは、本来は自立した組織からなる連合体としてあったほうがいいわけですが、どうしてもそこで、統一の主導権をとらない限り、安心できない。私は大衆運動におけるヘゲモニー主義といっているんですが、恒常的に主導権を確保して、安定して管理していくことを追求するわけです。

筆坂　それはそのとおりです。僕は党中央にいたからよくわかる。どっちに行くかわからないエネルギーは怖いんですよ。いまはこっちに向いているからいいけれど、この力があっち向いたり、そっち向いたりしだしたときに、コントロールができない。コントロールできないエネルギーは怖いんです。やっぱりそこは、党というものの歴史が長くなってくると、官僚主義がはびこるんですね。

宮崎　たしかに、僕らが大学で活動していたころも、「自治会の民主化、民主化」といっていましたが、じっさいは「民青化じゃねえか」といわれたわけでね。じっさい、そうなんです。執行部とかみんな民青がとっちゃって、党が安定的にコントロールする、それが「民主化」だと教えられていたわけです。もっとも大衆運動のヘゲモニー主義は、共産党に限ったものじゃなくて、新左翼のセクトにもありましたけどね。

反党分子の問題

宮崎　それから、部落解放同盟を共産党がいやがったのは、たんなるヘゲモニー主義からだけではなくて、やっぱり、かつて党内にいた、いわゆる修正主義者が、部落解放同盟という運動体の中心に巣くっていることを、非常に腹立たしいこととして、党中央委員会は考えていたんだろうと思います。党中央は、各戦線における主導権を握って、主導権を握った運動体がいっぱいあって、それが集まってくることによって革命が成就《じょうじゅ》するということをいっぽうで考えていた。そのときに、大きな運動体の中心に反党分子がいるなどというのは、あってはならないことなんですね。そういう「清潔な顔をした」統一戦線革命論だった。

それと、**部落解放同盟との抗争激化と相前後してでてくるのが、完全な議会主義路線です。**

議会主義へ急速に傾斜し、統一戦線も革命運動のための統一戦線だったのが、議会主義に従属する統一戦線になってしまうわけです。そうしたときに、解放同盟的なラジカルな糾弾闘争《きゅうだん》は、部落地域では成立しても、国民的な合意が得られない。つまり、それじたいが票にならない。むしろ票を減らす。部落の票は増やすかもしれないが、全体としては票を減らす。だから、全体的な議会主義路線への乗換えというところと、けっこう関係してきているんだろうと思います。

東大闘争の後半がそうでした。「これ以上、黄色いヘルメットを見たくない」という宮本《みやもと》顕治《けんじ》か、だれかの言葉があって、ヘルメットをかぶるな、ということになっていった。あれも、そういう議会主義への傾斜の反映でしょう。

司会 しかし、議会主義になってからも、反党分子にたいしては、非常に厳しかったですよね。別に左に跳ねているヤツだけではなくて、市民運動の領域でも「あいつは反党分子だから入れない」といっていましたよね。宮崎さんのいうへゲモニー主義のもとであらゆる大衆団体をコントロールして、それで革命やろうっていう路線をとっているときには、反党分子批判はある程度根拠があると思っていましたけど、議会主義になって、大衆組織を糾合することが二の次になってからも、ずっと続いていています。最近どうなっているかは知りませんが、あれはどうしてなんですか。

筆坂　最近でも一緒でしょう。それは変わらないと思います。

統一戦線戦術の陥穽《かんせい》

筆坂　僕は、統一戦線論について共産党にいた間、疑問に思ったことなんか一度もなかった。今回この問題を考えていて、やっぱり二七年テーゼを打ちだして以降、共産党が続けている「統一戦線論」は、根本的に再吟味しないといけないいんじゃないかと思いました。

党にいた間は疑問の余地なく統一戦線を主張してきましたが、でも、それは宮崎さんがいわれたように、個別大衆組織固有の要求があって、それをどうおたがいに尊重しあい、調整しあいながら共闘関係をつくっていくかということなわけで、それを共産党が統制しようという発想に問題があるんですね。

宮崎　左翼における統一戦線と、ナチズムの統一戦線は、意外と似ていたりするわけです。ヘゲモニーをずっと握っていて、全体をつくっていく。どうしても、そういう方向に行きがちです。だから、あまり変わらないのではないかと思っています。

早くは、アナ・ボル論争のときに、アナの大杉栄［一八八五年生まれ。アナキズム思想家。アナルコ・サンディカリズムの旗幟を鮮明にした。一九二三年の関東大震災の折に、憲兵大尉甘粕正彦によって虐殺される」が統一戦線を批判しているんですね。統一戦線というものは、みんながそれぞれ自由に行動して、共通の課題のときには一緒にやるんだというと非常にきれいに聞こえるけれど、じつはそうじゃない。党が大衆をひきまわして、利用するための道具にしようとしているだけじゃないか。そんな統一戦線は不要だといっているわけです。そういう批判は、水平社のアナ・ボル論争のなかでもでてきます。

大杉栄の統一戦線論批判

大杉栄は、一九二二年（大正一一）、初期日本共産党の理論的指導者だった山川均との論争のなかで、「トロツキイの協同戦線論」を発表して、ボルシェヴィズムの統一戦線論を批判した。ここでいわれている「協同戦線」とは「統一戦線」のことである。

大杉は、トロツキーが「協同戦線について」という論文のなかで、統一戦線を論じるのに、「指導」とか「指揮」とかいう言葉を遠慮会釈なく使っているのに注目し、「協同戦線とはようするにこの『多数をひきつけることのために戦う』一手段にすぎない」というう。そして、「トロツキイが何事にもまず、わが党がわが党がといって、臆面《おくめん》もなくわが党の党利本位で議論を進めて行く」ことに注意をうながし、統一戦線は必要だけれど、「この必要は、あくまでも労働者自身の必要として進めて行かなければならない。その必要から生じた労働者自身の計画として進めて行かなければならない。共産党の党利のうえからの利用なぞは御免だ。指導の必要のうえからの利用なぞは御免だ。日本のほんとうの自覚した労働者は、そんな協同戦線は真平御免だ」とのべている。

筆坂　僕は、それは本当に大事だと思います。日本の大衆運動にとって、死活問題ではないか。宮崎さんのいうヘゲモニー主義、ようするに共産党がコントロールして支配するというやりかた、これがあるかぎり、大衆運動が共同する幅は、現実にどんどん狭まっていくからです。

宮崎　政治を変えるために統一戦線が必要だとなると、その統一戦線を指導する前衛党という発想に、どうしてもなる。前衛が必要なんだということになってしまう。

筆坂　そうです。

宮崎　仮にそういう理屈を認めたとして、その前衛が真っ当であればそれでもいいんですが、個別の大衆運動にとっては、とんでもないことをいってきたりすることが多いわけです。だから、そこで齟齬《そご》が発生するんですが、その齟齬《そご》を共産党的な力学のなかで治めるというやりかたをくり返してきた。典型的なのが一九六四年の公労協の四・一七ストに反対したことです。

公労協の四・一七スト

一九六四年（昭和三九）の春闘で公共企業体等労働組合協議会（公労協）は四月一七日に交通ゼネストを中軸とするストライキを提起したが、共産党中央委員会は、四月九日の『アカハタ』声明で、この四・一七ストについて、「ストを挑発しているのはアメリカ帝国主義であり日本の売国反動勢力でありそれらと結びついた組合内部の分裂主義者である」として、「挑発行為」と非難し、中止を呼びかけた。のち、誤りを認めて、自己批判した。

宮崎　それで、聴濤克巳《きくなみかつみ》が更迭《こうてつ》になるんでしたね。

聴濤克巳（きくなみ　かつみ）

一九〇四－一九六五　ジャーナリスト、労働運動家。、連合軍マッカーサー指令で一九四七年二月一日の決行前夜に中止させられた二・一ゼネストでは、伊井弥四郎とともに最高責任者の一人となったが、右翼に襲撃され重傷を負う。のち、共産党衆議院議員、中央委員、幹部会員として活動したが、一九六四年（昭和三九）の四・一七ストをめぐる指導の責任を問われて、失脚した。

筆坂　まさに前衛党なんです。前衛党が存在して、はじめてこの論理はできあがるわけです。司令部ができあがって。でも、その共産党が、規約の改定で、いまや前衛規定をなくしたんですからね（笑）。

宮崎　だけど、前衛根性は変わっていないですよ（笑）。

筆坂　そういう根性が、大衆を管理しよう、大衆運動を統制しようという官僚主義としてあらわれてくるわけです。そういうものを根本的に捨てないと、結局、共産党は大衆に受け入れられませんよ。

第４章　全面的な路線対立・組織対立へ

対立の第三段階　1975〜2004

「部落解放」か「国民的融合」かの対立

一九七五年（昭和五〇）に入ると、共産党が狭山事件［一九六三年（昭和三八）、埼玉県狭山市で起こった女子高生殺人事件。被差別部落の青年が犯人として逮捕されたが、解放同盟などは部落差別にもとづく冤罪《えんざい》であり差別事件だとして裁判闘争にとり組んでいた］を冤罪《えんざい》事件とはかならずしもいえないとするなど、狭山事件の裁判闘争から手を引きはじめ、「部落解放」の見地を捨てて、「国民的融合」をめざすとしたことによって、解放同盟との対立は新しい段階に入った。

一九七五年（昭和五〇）一月、共産党は、中田直人ら狭山事件共産党系弁護団を「召還」し、一月一五日には、『赤旗』に「一般『刑事事件』と民主的救援運動」を掲載、狭山事件は冤《えん》罪《ざい》とは断定できない一般刑事事件であり、それを大衆運動とするのは無責任である、とした。

さらに三月に共産党は、論文「『解同』朝田派への決算」を発表して、解放同盟にたいする全面的批判を展開した。これに呼応するように、「部落解放運動の現状を憂い正しい発展をねがう全国部落有志懇談会」が開かれ、北原泰作《きたはらたいさく》、阪本清一郎《さかもとせいいちろう》、上田音市《うえだおといち》、木村京太郎《きむらきょうたろう》、岡映《おかあきら》ら、水平社以来の部落解放運動の「長老」たちがこれに参加した。

「水平社」の名づけ親で、解放運動のご意見番的存在の阪本清一郎《さかもとせいいちろう》。三重県松阪出身の上《うえ》田音市《だおといち》は、戦後は朝田善之助《あさだぜんのすけ》らとともに解放運動再建を協議した重鎮《じゅうちん》。木村京太郎《きむらきょうたろう》は、水平社創立以来の活動家で、昭和のはじめに共産党に入党、戦後は部落問題研究所を設立した。文化厚生会館問題を境に、木村は解放同盟と対立する立場となった。岡山県連委員長を務めた岡映《おかあきら》は、共産党員として組合活動・労働運動に邁進《まいしん》し、解放同盟中央の副委員長にあったが、その後、権利停止となっていた。

五月、共産党は論文「部落解放のいくつかの問題」を発表。ここで「国民的融合」を提唱した。そこでは、戦後の部落は戦前とは変化し、社会的格差が縮まり、職業・居住・結婚の上での差別が弱まり、社会的交流が拡大して、国民としての融合が進んでいる、と評価し、この流れを強めて、国民的融合を実現するのが部落問題解決の道だ、と主張している。

これによって、部落解放は革命の課題だとしていた従来の路線を最終的に放棄《ほうき》したことになる。これにたいして、解放同盟は融和《ゆうわ》主義への転落として厳しく批判した。

九月、「国民融合をめざす部落問題全国会議」結成大会が吹田《すいた》市で開催された。ここでは、それまで共産党が自民党系融和《ゆうわ》団体として批判し、対立してきた全日本同和会と共同するにいたったのが注目された。

一九七六年（昭和五二）三月、正常化連は「全国部落解放運動連合会」〔全解連〕へ発展的改組された。

この段階で特徴的だったのは、共産党が、かつては「右翼社会民主主義」理論として批判していた北原泰作《きたはらたいさく》理論と同化したことである。これによって、対立は、共産党〔北原理論〕vs.解放同盟部落解放理論〔おもに朝田理論〕という構図になった。

こうして、この段階における論点は、原理的なものとなった。ここで対立の論点を整理しておこう。

「資本主義の発展によって部落差別が解消に向かっている」という論点

この新しい段階を画したのは、共産党の「国民的融合」論であったが、その前提には、「身分差別である部落差別は、封建制の残滓《ざんし》である」というとらえかたがあった。これは共産党が従来からとってきた考えかたで、それが絶対主義的天皇制〔絶対君主の天皇を頂点に地主と資本家、官僚がこれを支え、民衆を抑圧していると見る図式〕によって支配のために温存されてきたとされていた。

そして、それまでは共産党は、戦後改革によって、絶対主義的天皇制が崩《くず》れ、封建遺制《ほうけんいせい》が解体する方向に進んだが、部落差別は根強く残った、という認識をしていた。なぜ根強く残ったかというと、アメリカ帝国主義と日本独占資本が、その差別を温存利用しようとしたからだとされ、したがって、二つの敵を倒す新しい民主主義革命をつうじてこそ部落の解放がなされると、されてきたわけである。

ところが、この封建制の残滓《ざんし》が、戦後改革で本質的に変化し、民主主義運動の前進によって、部落差別は「基本的に『解消』の方向をたどっている」［全解連方針］という認識に変わってきたのである。

これにたいして、解放同盟は、封建制の残りかすをとり除けば部落差別は解消するという主張は、近代、明治以降の日本資本主義によって新しい部落差別が再編されたことを見ようとしていない。そうしたとらえかたは資本主義の延命に帰着する新融和《ゆうわ》主義＝「近代主義」であるとして批判した。

被差別部落解放は「革命の課題」から「政治革新の課題」へ

また、従来から、共産党は、資本主義の発展は、部落を解放する方向を促進しているのであって、資本主義の枠内でも部落差別をなくすことはできるとして、社会主義にならなければ部落が解放されないというのは原理的にはまちがいであるとしてきた。

しかし、同時に、かつての共産党は、日本資本主義は、前近代性を広範に抱えこまなければならない構造をもっているがゆえに、その前近代性を解消していく力を失っており、資本主義が発展しても差別はなくならないと主張していた。

ところが、「国民的融合」論では、前近代性を解消する力をもっているとする方向に日本資本主義認識を改めている。しかし、その解消を阻《はば》んでいる政治的条件があるから、それをとり除くことが必要であり、政治革新、民主連合政府の実現によって、それが可能になる、と主張する。

これにたいして、解放同盟は、このようなとらえかたは、「反社会主義の小ブルジョア・ユートピア」だ、民主主義と社会主義とを結合せず対置する誤りだと批判した。

やがて、共産党は、このようなとらえかたをさらに発展させて、部落差別自然解消の方向に傾いていく。

「混住を促進し部落を分散させれば部落問題は解消する」という論点

共産党は、「国民的融合」論において、「民主主義運動の前進によって」といっていたが、本心は、「高度経済成長にともなう社会変化によって」ということであったろう。だから、運動の前進という主体的な条件によってというよりも、混住と分散という自然［経済発展］の過程をつうじて「部落解消」がはたされる、というとらえかたになっているのである。これは、結局、政治革新、民主連合政府を待たずして部落問題の解決が可能だというとらえかたになっていき、つまるところ、部落は自然に解消されるということになってしまう。

したがって、全解連は、「部落は解消しつつある」「部落解放は近い」という認識になっていき、差別糾弾《きゅうだん》にも力を入れなくなり、やがて事実上、解放運動を放棄《ほうき》していく。

全解連の方針は、次のようなものとなっていった。

一九六〇年に「部落解放同盟綱領《こうりょう》」が制定された当時、部落問題の典型といわれていた居住、職業、結婚の差別が解消の方向にむかい、生活環境も同和対策事業の進行によって、前近代的で劣悪な実態が一部をのぞいて改善されていっている。［全解連一九七七年度運動方針］

これは、その五年前の一九七二年（昭和四七）にかかげられていた次のような運動方針とは大きく評価が異なっている。

それ「部落の就業や居住状況の変化」は、部落差別を根絶していく方向に進まずに、独占資本と自民党の反動政治のもとで、新しい形での貧困化が進むなど、今日的な「被差別部落」の実態をしめすものとなってあらわれてきている。

解放同盟は、この点を闘争放棄《ほうき》だとして、厳しく批判した。

また、こうした自然解消論にたいしては、全解連内部の不満も大きかった。全解連委員長の岡映《おかあきら》は、「一九七七年の出発にあたって」で、阪本清一郎《さかもとせいいちろう》から「差別にたいする憎しみを失い、怒りのなくなった点」を「厳しく批判」されたとのべている。

この翌年あたりから、しだいに共産党も解放同盟も、相手への非難が下火になる。双方ともおたがいに相手が破綻《はたん》したとして、相手にしない態度をとったためと思われる。

糾弾《きゅうだん》を肯定するか否定するか

自然解消論に立って差別糾弾《きゅうだん》に力を入れなくなった全解連は、一九七八年（昭和五三）一二月、中央委員会で「全解連は、勤労国民のなかでの差別事象にたいして『確認・糾弾《きゅうだん》』という手段をとりません」として「差別糾弾《きゅうだん》」をおこなわない方針に正式に転換した。

これに呼応するかのように、一九七九年（昭和五四）一〇月、法務省は、「確認・糾弾《きゅうだん》」についての見解を発表し、そのなかで、糾弾《きゅうだん》闘争否認の立場に立って、糾弾《きゅうだん》が新たな差別意識を生みだす要因になって差別解消の障害になる場合がある、などと指摘している。

＊　＊　＊

論争から抗争へ

司会　この段階の主要な問題は、共産党の「国民的融合論」にありました。戦前水平社における「階級的融合論」、さらには「人民的融合論」ならまだしも解放同盟と論争しあえる余地があったけれど、「国民的融合論」となると、融和《ゆうわ》主義そのもので、まったく接点がないことになります。
共産党が「階級的融合論」「人民的融合論」の段階も踏まずに、いきなり「国民的融合論」に転換し、これまで部落解放運動にまったく関係のなかった榊利夫《さかきとしお》『前衛』編集長、『赤旗』編集局長などを歴任、「党内きっての理論家」といわれた」がこれを主導したというのは、いったいどういう政治的な背景があったと考えられるのでしょうか。

宮崎　このまえの時期、一九六九年以来の第二段階では、共産党の部落解放同盟批判は、第一段階とは違って、「右翼的批判」の色彩を濃くしていたわけですね。そのような批判にたいして、部落解放同盟は、左翼的に反批判をおこなった。つまり、第一段階では、共産党が解放同盟にたいして、修正主義、右翼日和見主義だといって「左翼的批判」をおこなっていたのが、ここにいたって右と左、攻守ところを変えたわけですよ。

だけど、そのなかでも、共産党傘下にあった正常化連は、まだ、自分たちなりの観点から自治体闘争にも、差別糾弾《きゅうだん》にも、狭山差別裁判反対闘争にも、とり組んでいました。それから、部落解放同盟じたいにたいしても、それを被差別部落の唯一の大衆組織として位置づけて、その「正常」な発展のために闘うという態度をとっていた。だから、部落解放同盟の正常化のための連絡会議という位置づけだったわけですよ。

つまり、共産党が「右翼的」にはなっても、被差別部落の共産党員や共産党支持者は、大衆運動としての観点は捨てていなかったということですね。その意味では、この第二段階は過渡期といえるでしょう。

ところが、一九七五年以降の第三段階になると、これがすっかりなくなってしまうんですね。だから、これ以降は、共産党と解放同盟の両者がおたがいに「融和《ゆうわ》主義」、「差別主義」、「排外主義」、「セクト主義」だとか、同じレッテルを相手側に貼りあうといった、まことに不毛な対立になってしまったわけです。これじゃ論争ではなく抗争ですよね。

それは、ちょうど、新左翼の相互批判が、内ゲバから対立党派の殲滅《せんめつ》戦にまで発展していったのとパラレルです。こういうかたちが、大衆団体の方針対立ではなく、左翼党派の内部抗争の投影として、左翼崩壊・壊滅《かいめつ》の一環をなしていったといってよいでしょう。

資本主義が発展していけば差別はなくなるか

司会　「国民的融合論」の柱の一つは、「資本主義の発展によって部落差別が解消に向かっている」という論点にありました。

資本主義が発展して、資本の論理が浸透すれば、前近代的な障壁や差別は自然になくなっていくという見方で、マルクスはこれを「資本の文明化作用」と呼びました。

共産党は、かつては、そのような作用が充分に働かないままに資本主義化が進んできたのが日本の特殊性だとしてきたのですが、ここにいたって、「戦後改革」をつうじて、また——彼らははっきりいってはいませんが——おそらく「高度成長」をつうじて、前近代的な障壁や差別は解消の方向をたどっている、というようになったわけです。こうした考えかたについてどう思われますか。

宮崎　資本主義が発達していくほど、差別は解消されていくとマルクスがいっているそうですが、これはマルクスのまちがいですね。

やっぱり経済および国家が進歩していけば、いくほど、装いを新たにした差別が必ず生まれてくる。そう見ておくべきものだろうと、僕は思います。市民革命が起こって、資本主義が誕生していったいきさつのなかでは、かつての絶対王権的なものがつくっていた差別社会の様相は薄らいでいく。それそのものは、資本主義の発達が壊《こわ》していった可能性はあるとは思います。**しかし、現代における差別は、むしろ社会の進展、発展にともなって新たに生まれてきているものだと思います。だから、かつて差別だといっていたものがなくなったから、差別がなくなったとはいえない。古いかたちの差別は薄らいだかもしれないが、新しく生まれてきた差別がある。それから、差別は必ず社会の仕組みや経済のありかたとは別のところに存在しているものだと思うんです。つまり、民衆の意識のなかにある差別意識は、社会・経済体制の枠組とは別のところにあるのであって、社会・経済体制に無媒介に規定されているのではないと思うんです。**

筆坂　マルクスがいっている資本の文明化作用というのは、中世的なあるいは封建的なものを壊《こわ》していく作用が資本主義にあるということと同時に、権利意識など人権意識の変化・発展をもたらすという見地があるということだと思うんです。

封建制度は、身分差別を前提に成り立っているわけです。日本でいえば、「士農工商」「今日では「武士・平人・賤民《せんみん》」というとらえかたが主張されている」という身分差別が支配そのものにとって必要だった。穢多《えた》・非人《ひにん》にたいする差別もその一環ですよ。資本主義は、そういう構造そのものは壊《こわ》していくものだったと思うんですね。そういう意味では、資本が文明化作用をもっているということにはなると思います。

しかし、いまの部落差別は、そういう封建制度の構造としてあった差別とは違うものだと思うんですね。たんなる封建制の「のこりかす」ではなくて、新しい社会の仕組みにとってもなんらかの存在理由があったから、差別として続いたんだと思いますね。

ただ、それを新しい支配構造だけから考えると、例の「支配の道具としての差別」につながってきてしまう。そうではなくて、資本主義経済のありかたとの関連での差別、近代的な社会のなかでの差別の存在理由について考えなければならない。それは、マルクスのいうようなこととは、まったく別の問題だと思いますよ。

御破算にされた民主主義革命論

宮崎　マルクスの言葉を、いまのすっかり資本主義化して近代化した社会のなかに、そのまま無理やりあてはめるのは意味がない。というよりも、誤った結論を引きだすことになると思いますよ。

筆坂　そのとおりだと思いますが、ただ、同時に、別の角度から考えると、日本共産党は、それぐらいのことはわかっていたわけですよ。そのうえで、こういうふうに考えていたわけです。日本の資本主義は、非常に遅れて出発して、急速に発展しなければならなかったから、前近代的なものを温存したまま発展してきて、そういう前近代的なものを克服できないような体質になってしまった、そういっていたわけです。

だから、日本では資本主義が発展しても、ただ発展するだけでは前近代的なものをなくしていけない。それをなくすには、意識的に構造を変えないとできない。つまり革命をやらないとダメなんだ。そのとき、その革命は、社会主義革命ではなくて、新しい民主主義革命であって、徹底した民主主義によって前近代的なものをなくしていくことによって、はじめて社会主義に転化するんだ。そういう考えかただったわけです。日本の近代社会、資本主義社会は特殊なので、いくら資本主義が発展しても、克服できないものがあるんだ、だから特殊な革命が必要なんだという考えかたです。

ところが、国民的融合論は、そういう話をすっかりすっ飛ばしちゃった。それで、資本主義が発展すれば、前近代的なものはなくなるんだという単純な話にしてしまった。それは、いままでとは全然違う話なんですよね。共産党が昔やっていた議論とは違います。

宮崎　なんの総括もしないで、かつて綱領《こうりょう》論争なんかで揉《も》みに揉《も》んだ革命論をかんたんにすっかり御破算にしちゃって、議会主義にすべりこんだわけですよ。

民主主義革命と民主連合政府の違い

筆坂　僕は共産党には両面あったと思います。一つは、さっきいった新しい民主主義革命から連続して社会主義革命にいくという、二段階革命論があったわけです。そういう意味では、そのときにはまだ階級的融合論というのが有効でありえたと思います。しかも、それはそんなに先のこととは想像していなかったはずです。当時の共産党は、もっと早くその段階がくると思っていたので、そのときは有効だった。

しかし、高度成長があって、底あげが進み全体としては豊かになった。みんな中流意識をもつようになった。とてもじゃないけど、二段階革命なんてリアリティをもたなくなってきたわけです。

だから、民主連合政府を前面にもちだしてきた。民主連合政府は、新しい民主主義革命ではありません。その前段階という位置づけでした。ところが、七〇年代の遅くない時期に民主連合政府を実現するといってたのが、それすらもどっかに吹っ飛んじゃった。いま日本共産党は、二一世紀中にといっているんですよ（笑）。そりゃあ詐欺です。あのとき、七〇年代の遅くない時期に民主連合政府ができると信じて共産党に入った連中にしてみれば、「どうなっとんじゃ！　俺の青春を返せ！」といいたくなるでしょう。そういうふうに、かつての展望が破綻《はたん》してしまったということが、いっぽうにはあると思うんです。

もともと共産党の二段階革命論は、第一段階の革命はもっと早いと分析していたものが、そうはならなくて、それをさらに民主連合政府の実現に格下げしたんだけど、それも実現しないで、破綻《はたん》しちゃった。いまや民主連合政府の樹立ですら、絶望的になっています。

もう一つは、その革命が起こらなければ、差別がすべてなくならないといったら、絶望的な話になるわけです。だから、僕はやっぱりそれは革命がなくても、なくなりますよという話にしなければならなかったんだと思いますよ。それで、階級的融合論ではなく国民的融合論にもっていかざるを得なくなったんだと思います。

共産党の社民化と国民的融合論

司会　「国民的融合論」のもう一つの柱は、「混住を促進し部落を分散させれば部落問題は解消する」という論点です。これも、おそらくは、高度成長にともなう社会変化によってそうなってきたということでしょうが、ともあれ、この時点ではもはや、混住と分散という自然の過程をつうじて「部落解消」がはたされるという認識が、そこにあります。

宮崎　ところが、これは、もともと水平社時代からの北原泰作《きたはらたいさく》の理論だったわけですよ。この北原理論を、かつての共産党は「社会民主主義理論」として全面的に批判していたわけです。同和対策審議会の、解放同盟からでていた審議委員は北原泰作《きたはらたいさく》です。自民党系の同和会からは山本政夫《やまもとまさお》でしたが、答申を見ると、北原の意見がだいたいとおっています。だから、**当時の共産党の同対審答申批判、解放同盟の対応批判は、実質は北原にたいする批判でもあるわけなんですよ。ところが、それが一八〇度ひっくり返って、共産党が北原理論をかかげて、解放同盟中央を批判するようになったわけだから、ややこしい（笑）。これはようするに、共産党が社民化したということなんです。**

共産党の北原泰作《きたはらたいさく》理論批判

一九六〇年代半ばの段階で、共産党は、北原理論の特徴を次のように整理し、これは近代主義的、社会民主主義的で、基本的にまちがっている、としていた「日本共産党中

央委員会農民漁民部編『今日の部落問題』」。

（1）独占体制を維持する「経済の高度成長」にともない、産業経済の近代化が進み、社会状況はいちじるしく変化した。これは、日本が前近代的遺物をとりのぞいて民主化され、近代社会へ発展する一つの動向をしめしている。

（2）しかし日本には、近代化をはばむ経済的、社会的要因が根強く残存しており、そのもっとも端的な例は部落問題である。独占資本は民主主義を否定し、憲法をふみにじっている。この支配のもとで部落は解放されない。真に徹底した民主主義的変革を達成して、日本が完全に民主化したときに部落差別は解消される。

（3）部落そのものは旧時代の遺物として残されて共同体の形を保っており、差別のために一般社会から隔離され、閉鎖社会の性格をもたされている。部落の農業と中小零細企業は、日本経済の二重構造の最底辺を形成しており、部落はもっともおくれた後進地域としてとりのこされている。

（4）部落解放同盟の行政闘争によって、歴史的、社会的ハンディキャップを克服するための「同和」対策が実施されるようになった。この対策は、体制からみれば、部落を対象とする後進地域の開発政策である。これを独占のぎまん的融和《ゆうわ》政策として排撃するのでなく、より積極的に部落解放の政策として実施せよと、要求してたたかうべきである。
（5） 部落解放運動の基本は、市民的権利と自由の完全な行政的保障を要求する反独占民主主義運動である。ところが一部の者は、民主主義と社会主義を混同し、部落解放運動を社会主義の階級闘争に転化させようと画策しており、部分的な階層にかぎられた少数の階級闘争主義や、同盟組織の分裂と対立をひきおこすなどの危険が生まれてきている。
（6） 階級分化が進行しているもとで、それぞれの要求をとりあげて大衆闘争に組織するとともに、部落大衆の要求と闘争の独自性を保ちつつ、運動を孤立させず一般民主主義運動と結合して発展させること。
（7）「答申」実施要求の国民運動を発展させるとともに、同盟の部落解放政策をたてて要求貫徹のためにたたかうこと。
これら当時の北原泰作《きたはらたいさく》がだしていた論点には、七〇年代以降の共産党が主張するようになったものと重なるところが少なくない。かつて共産党はそのような北原理論を社会民主主義だと批判していたことを考えるなら、共産党自身が社会民主主義化した、ということにならざるを得ない。

北原泰作（きたはら たいさく）

一九〇六―一九八一　水平社運動に参加し、アナキズム派に属して、日本共産党＝ボルシェヴィズム派と闘う。一九二七年（昭和二）、天皇観兵式に軍隊内の差別を糾弾《きゅうだん》して直訴。一九三〇年代にはマルクス主義者となり、日本共産党に入党。戦中は転向して部落厚生皇民運動を展開。戦後、部落解放同盟中央執行委員、書記長。同対審には解放同盟を代表して委員として参加。一九七三年、同盟中央を批判して、共産党に接近。著書に自伝『賤民《せんみん》の後裔』などがある。

山本政夫（やまもと まさお）

一八九八―一九九三　筆名・山本正男。一九二〇年（大正九）、郷里の瀬戸内海の部落で生活改善運動に着手したのを手はじめに、全国融和《ゆうわ》連盟、融和《ゆうわ》問題研究所、中央融和《ゆうわ》事業協会などで部落改善事業に従事。水平社運動にも共感を表明していた。戦後、一九四六年（昭和二一）に全国部落代表者会議の呼びかけをおこない、部落解放全国委員会に加わるが、のち離脱し、六〇年には全日本同和会結成に参加。同対審には同和会を代表して委員として参加。

＊　＊　＊

宮崎　だけどね、じっさいに、いわゆる「同和地区」という意味での部落が縮小に向かっているのは事実なんですよ。若い連中は、みんなどんどんでて行ってしまったし、部落民以外の人間が同和地区に入ってきていますからね。分散、混住が進んでいるのは事実です。

それを、以前どおりの被差別部落の概念、以前どおりの差別の概念でとらえるから、「国民的融合」なんていうまやかしの部落解消論になるんですよ。被差別部落のありかたじたいが変わってきているし、差別のありかたじたいが変化してきている。そこを見なければならないと思いますね。

筆坂　昔ながらの差別とは違ってきていることは認めなければならないですよね。

司会　そういう現実を解放同盟の幹部が理解していけば、縮小ではなくて形態変化としてとらえられると思いますね。そういう発想の転換をやるなら、組織が小さくなっていくことを嘆くのではなくて、それは差別をなくす方向での前進なんだ、ととらえなければならないと思います。

たとえば、一九二八年（昭和三）の時点では部落外との通婚率が三％でした。いまは八〇％を超えています。結婚差別の解決が一番差別の解消につながるわけですから、そういう意味では、すごく運動の成果がでている。もちろん、一般地区出身側の親元・親戚から絶縁された例も多いことを知っておくことは重要です。また、このことと関連して、進学率にしてもその裏にある中退率との関係を考慮に入れない議論は皮相である、ということは断っておかなければならないですけれど……。だからこそ、解放同盟の組織が小さくなってきているともいえるわけですよ。それでいいんだという発想に立てるかどうかですね。

いまや共産党不要論？

筆坂　そうなれば、解放同盟不要論がでてくる。結局、そういう方向に行かざるを得ないんですよ。だけど、それは解放同盟だけじゃない。共産党だってそうですよ。

興味深いのは、昨年（二〇〇九年）四月、北京でおこなわれた日本共産党と中国共産党の理論会談での不破氏の発言です。不破氏は、ラテンアメリカで次々と左翼政権が誕生していることに言及して、「ラテンアメリカの左翼政権・左派政権は、性格もさまざまだし、その国の共産党との関係もいろいろですが、どの国でも、その政権の主力をなしているのが、科学的社会主義・マルクス主義の立場に立たない勢力だということは、共通しています。しかも、その左翼政権のなかから『新しい社会主義』をめざすところが、ベネズエラ、ボリビア、エクアドルなど、次々と現れているというのが、最近の重要な発展です。このことを科学的社会主義の党として、どう見るか、左翼政権とその『新しい社会主義』にたいしてどういう態度をとるか、ここに一つの大事な問題があります」と提起したうえで、パリ・コミューンについて言及しています。

パリ・コミューンについて、マルクスは社会主義としての評価をあたえた。しかし、あのパリ・コミューンの指導的メンバーのなかには、マルクス主義者は一人もいなかった。この事実をどう評価するかというと、「このマルクスの態度には、マルクス主義者やその党が指導しない限り革命はありえないとか、社会主義への意義ある前進は起こらないなどといった独断的な前提は、みじんも見られません」という主旨のことを不破さんが書いています。**つまり、マルクス主義者がいようといまいと、共産党があろうとあるまいと、それがいないところでも社会主義革命が起こるんだと、そう不破さんがいっている。**

これは、ある意味で、共産党不要論なんですよ。

党外の人たちから見れば、別段、驚くには値しない、ごくごく当然の指摘と思われるかもしれませんが、共産党員にとっては天地がひっくりかえるぐらい驚愕《きょうがく》すべきことなんです。たとえば、以前の党規約では、「日本共産党は、日本の労働者階級の前衛部隊であり、労働者階級のいろいろな組織のなかで最高の階級的組織である」「党はつねにマルクス・レーニン主義の革命的真髄を擁護《ようご》し、修正主義、教条主義、セクト主義などあらゆるかたちの『左』右の日和見主義とたたかう」などとのべていたわけですから。

ただ、これも驚くことなんですが、この発言にたいして共産党内部からは何の反応もない。それだけ、党内に理論的活力がなくなっているということなんですよ。

不破哲三《ふわてつぞう》の共産党不要論？

不破哲三《ふわてつぞう》は、『激動の世界はどこに向かうか』〔新日本出版社〕のなかで、パリ・コミューンの指導にあたったのがプルードン派とブランキ派であったことを紹介し、「しかし、マルクスは、パリ・コミューンの意義と業績を評価するとき、そこで活動したメンバーの顔ぶれなどを問題にしませんでした」として、次のようにのべている。

「このマルクスの態度には、マルクス主義者やその党が指導しない限り革命はありえないとか、社会主義への意義ある前進は起こらないなどといった独断的な前提は、みじんも見られません。……私たちがいま生きている時代は、マルクスの時代よりも、もっと激動的な時代です。共産党がいないところでも新しい革命が生まれうるし、科学的社会主義の知識がなくても、自分の実際の体験と世界の動きのなかから、さまざまな人びとが新しい社会の探究にのりだしうる時代です」

宮崎　だけど、それをあと一歩進めないといけないんですよ。共産党がいないほうが、革命が起こりやすいというところまでね……。

筆坂　そう、宮崎さんのいうとおり。

宮崎　キューバなんかそうでしょう？　共産党がないに等しかったから、革命ができた。人民社会党というマルクス主義の党があったけど、前衛根性を発揮しないで、カストロたちの七月二六日運動や革命幹部会という自然発生的な運動体に従属していたから革命ができたんですよ。だから、さらに一歩思想を深めろといいたい。共産党がいないほうが革命が成功する。

筆坂　少なくとも、共産党がなくても革命は成功する。不破さんもそこまでいうようになった。なんだ、とうとうそこまで来たのか、という感じですね（笑）。

糾弾《きゅうだん》イコール暴力か？

司会　この時期に共産党は「糾弾《きゅうだん》」を否定するようになりますが、これは解放同盟にとっては解放運動そのものの否定といってもいいと思います。

「糾弾《きゅうだん》」というのは、法にもとづく行為ではありません。やむにやまれぬ直接行動であって、権利が侵害されたときに、法律上の手続によらないで、みずからの実力で権利を守り、実現する行為です。そして、こうしたものである糾弾《きゅうだん》行為を憲法一四条の平等原理を実効あらしめるための自力救済行為として是認できる余地があるとする高裁判決もあります。

いまや共産党は、そうした自救行為をも認めないのでしょうか。また、解放同盟は、そのような自救行為がおのずからもつ限界をどう考えていたのでしょうか。「糾弾《きゅうだん》」というものをどう考えられますか。

宮崎　**共産党は、暴力の問題で完全に法遵守、告訴路線になったわけで、そうなれば、自救行**

為じたいを否定することになるわけですよ。そうすると、糾弾《きゅうだん》も否定しなければならなくなる。

そうやって、どんどん法の枠に縛られていったわけですよ。

司会 でも、正常化連などの共産党系組織も、昔は「糾弾《きゅうだん》はおこなうべし」といっていたわけです。と同時に、暴力的なやりかたは糾弾《きゅうだん》ではないといっていた。つまり、糾弾《きゅうだん》というのは、「やむを得ずまちがった考えかたをもたされてしまった人を正しい道に戻す」ということなんだから、復讐ではないし、どついたら治るというものでもない。正しく直すことなんだから、暴力的な糾弾《きゅうだん》行為はまちがっているけれども、「糾弾《きゅうだん》はしなくちゃいけない。被差別部落民こそが差別を糺《ただ》すことができるんだから」と、ずっと共産党系の人たちもいっていました。

宮崎 でも、いまとなって糾弾《きゅうだん》は一貫否定ということになるわけでしょう。糾弾《きゅうだん》行為イコール暴力行為というとらえかたになってますからね。

筆坂 いっぽうで、それに反撥《はんぱつ》するあまり、解放同盟のほうは、逆に、徹底的に追及することが糾弾《きゅうだん》という傾向におちいっていったんじゃないのかな。だから、共産党のいう「糾弾《きゅうだん》行為イコール暴力行為」というのも一般市民に受け入れられやすくなってくる。これは、不毛な対立ですよね。

そして、国民的融合論の立場からすれば、糾弾《きゅうだん》を否定するのは当然でした。だって、国民的に融合するんですから、糾弾《きゅうだん》なんてありえない。それを共産党がいいだしたのは、矢田《やた》・八鹿《ようか》のあとでしょう。それは当然、そうなりますよね。そういう点では、共産党の立場からいえば必然的なものだったわけです。

党官僚と大衆運動

宮崎　ただ、被差別部落で活動している共産党員と、それを指導しに来る党官僚とは、区別しなくてはいけないと思いますよ。地域で活動している党員の多くは、自分たちの部落と仲間のことを考えて一所懸命やっているから、そんなにめちゃくちゃおかしなことはいわないし、しないですよ。

ところが、大衆運動では、労働組合運動にしろ、学生運動、青年運動にしろ、党中央から指導にくるヤツがいるわけです。たとえば、われわれが学生運動をやっていた時代だったら、広谷俊二［六〇年代末ごろの共産党中央青年学生対策部長］とかが来るんですが、ほんまにアホやなと思いました。「はよ帰れ。俺らは意思統一しないといけないことがいっぱいあるんだ。頼むからはよ帰ってくれ、邪魔だ」という意識がつねにありました。

筆坂　私の連れあいは、地域で党活動やってて、地区常任なんかが、支部に来てえらそうにいろいろいうのを聞いて、「わかってないわ、小僧が」と思っていたというんですよ（笑）。

宮崎　それはそうでしょう。地区常任が来ていうことは、つまるところ党員を増やせ、新聞を増やせということじゃないですか。

筆坂　結局、最後にいいたいのはそういうことだけになりますね。

宮崎　だから、相手がいいそうな、党員や新聞『赤旗』の拡大は先にやっちゃってるわけです。「これだけやっているから、もう帰れ。俺らは俺らで運動やるから。目標は達成したやろ?」と、できるだけ早く「指導」を終えてくれ、と。じっさい、共産党の指導は、個別の運動にとっては非常に的を射ていないことが多かった。

「国民的融合論」だって、被差別部落のなかで党活動をしている現場からつくられてきた理論じゃないですよ。党官僚がつくって上から下ろしてきたものですよ。

「国民的融合論」のつくられかた

宮崎　国民的融合論がだされたとき、正常化連〔部落解放同盟正常化全国連絡会議〕にいた党員や党支持者の人たちは猛反対だったわけですよ。まず北原泰作《きたはらたいさく》が来たことにカンカンだった。自分たちがずっと批判してきた相手だからね。それなのに、そういう路線転換がいきなり上から下ろされてきたから、これはなんだとカンカンになった。正常化連のなかで議論が起きて、でてきた方針ではなく、党から下りてきた議論であり、政策だったわけですよ。しかも、北原泰作《きたはらたいさく》みたいな、これまでは対立してたヤツを連れてきて、中央は何を考えてるんだと現場はカンカンでしたよ。ところが、人望のあった岡映《おかあきら》なんかがでてきて、なんとかおさめるわけです。

ようするに、**国民的融合論というのは、運動のなかからでてきたのではなくて、党中央の思惑からつくられて、上から全部決められていったわけでね、地域の党員は、その矛盾を感じていたと思いますよ。**

岡映(おか　あきら)

一九一二―二〇〇六　京都で友禅染の職工として日本労働組合全国協議会の結成に加わり、のち共産党に入党。戦後、岡山県で農民運動、部落解放運動を展開。解放同盟中央副委員長まで務めたが、矢田《やた》事件をきっかけに除名になり、以後、正常化連、全解連の議長、委員長を務めてきた。著書に『荊冠記《けいかんき》』『統一戦線と部落解放運動』がある。

司会 全解連の書記長だった丹波正史《たんばせいし》［現・人権連議長］さんが、最近『地域と人権』に連載した「国民的融合論との対話」で、国民的融合論がだされたころのことを回顧していますが、そこでは、北原泰作《きたはらたいさく》や中西義雄《なかにしよしお》と並んで、当時の共産党中央理論政策委員会の責任者だった榊利夫《さかきとしお》を、この理論を創った人物としてとりあげています。

それで、正常化連の集会に榊利夫《さかきとしお》が来たときには「聴衆は息を凝らした」「興奮して聞いた」と書いています。なにごとかと気をつけをして聞いてるような雰囲気なんですね。やっぱり党中央から直々にきたということで、非常に緊張しているわけです。少なくとも彼の意識のなかでは、榊利夫《さかきとしお》さんという、いままで部落解放運動とまったくかかわりのなかった党の理論幹部が部落問題に託宣《たくせん》を垂れるということにたいして、啓示が降りるような雰囲気で聴いているんですね。

中西義雄(なかにしよしお)
一九二二―一九八四 戦後、中国大陸から復員してのち、部落解放運動に参加。解放同盟中央執行委員、本部事務局長を務めたが、一九六五年（昭和四〇）に解任。七六年（昭和五一）から全解連書記長を務めた。

宮崎　榊利夫《さかきとしお》は早稲田大学出身で、在学中に共産党に入党していますから、俺たちのところにも来たことはありましたけれど、啓示は受けなかったですね（笑）。「はよ帰れ」と思ってました（笑）。全然パワーを感じなかったな。いろいろとのたまっていたけれど、学生運動の現場で新左翼の連中とやっている理論闘争とは、全然レベルが違う。「おっさん、それ違うよ」という感じだった。

一九五〇年代の早稲田における学生運動、党活動はどうだったか、そのなかで榊利夫《さかきとしお》はどういう存在だったかという話を、たとえば津金佑近《つがねすけちか》さんなんかから俺も聞いているわけです。榊利夫《さかきとしお》のような、あんな日和見主義者はおらんとか、聞いているわけです。津金さんも、中央の幹部にはなっていたけど、ちょっと規格外れの人間だったし、早稲田の共産党の体質だったと思うんですが、ちょっとはぐれ狼的な連中が多かった。平和運動をやってた吉田嘉《よしだよし》清《きよ》さんとか、ああいう人たちもいてね。

筆坂　吉田嘉清《よしだよしきよ》さんも、あれだけ熱心に原水爆禁止運動をやってきて、最後は除名ですからね、ひどい話だよね。

宮崎　ビビッとした啓示というのは、吉田嘉清《よしだよしきよ》さんのほうが感じたよ。迫力が全然違った。

榊利夫(さかき　としお)

一九二九―二〇〇三　共産党で機関誌『前衛』編集長、理論政策委員長、衆議院議員などを務め、哲学、宗教、イデオロギー部門での活動で知られた。著書に『マルクス主義と哲学論争』『現代トロツキズム批判』などがあり、国民的融合論については、『部落解放への道―国民的融合の理論―〔北原泰作《きたはらたいさく》との共著〕』『国民的融合論の展開―部落問題と同和行政―』を著している。

津金佑近(つがね　すけちか)

一九二九―一九七八　早稲田大学中退。在学中から共産党に加わり、多摩地域の山奥に基地をおく山村工作隊などで活動。一九七二年、衆議院議員に当選、国対副委員長として活躍。その後、中央委員会統一戦線部長などとしても活動。

吉田嘉清（よしだ よしきよ）
一九二六―　社会運動家。全学連の創立につくし、一九五〇年（昭和二五）、レッドパージ反対闘争で逮捕、早大を退学処分。原水協の創立にくわわり、事務局長、代表理事を努める。一九七七年（昭和五二）の原水爆禁止世界大会では、原水禁、原水協の統一実行委代表幹事を務めるなど、運動の統一に尽力したが、八四年（昭和五九）に統一の動きに介入した共産党によって除名処分にされた。著書に『わが戦後行動』などがある。

筆坂　榊利夫《さかきとしお》ぐらい党官僚臭の強かった人はいなかったね。それに彼がそんなにすごい理論家だなんていう評価は、内部で僕らは聞いたことがないですね。

たとえば、第十三回大会で「自由と民主主義の宣言」をだすでしょう。あのときに榊利夫《さかきとしお》が報告しているんです。報告したというのは、まとめる中心になったということなんですが、じっさいには、ほとんど不破さんだったそうです。榊さんがつくったものは、全然役に立たずに（笑）、不破さんが全部やった。重要な指導的論文をだすときには、そういう作業グループがつくられて、そこで材料も集め、理論的な整理もして、草案をつくって、と集団的にやっていくんですね。『国民的融合論』も宮本顕治《みやもとけんじ》の指導と指示のもとでつくられたんだと思いますよ。

「自由と民主主義の宣言」

日本共産党が一九七六年（昭和五一）の第一三回党大会において採択した文書。自由と民主主義の内容は、「生存の自由」「政治的市民的自由」「民族の自由」にまとめられるとして、共産党は民主主義革命の段階においても、社会主義・共産主義の段階においても、この三つの自由を擁護《ようご》し、発展させていくという立場を宣言している。

宮崎　そうやってつくったんだと思う。名前だけ「榊」だったんでしょう。

筆坂　たぶん、これは当時のことですから宮本さんが、「榊くん、これやれ」といって、いろいろな人が入っていたでしょうけど、名前は榊利夫《さかきとしお》でだした論文だと思います。そういうことをやるんです。じっさいには、その人がやっているわけではない。

宮崎　北原泰作《きたはらたいさく》と榊利夫《さかきとしお》の対談が『部落解放への道　対談　国民的融合の理論』〔新日本出版社〕という本になっています。これを読むと、北原泰作《きたはらたいさく》は、それなりに一貫しているんです。戦後ずっととってきた彼なりの理論と路線で一貫している。彼ははじめから部落混住分散論だったし、資本主義のもとでの解放論だし、一貫した理論をもってやっている。しかし、榊のほうは理論的に一貫していない。まず、かつての共産党の見解との整合性がつけられていない。だから、被差別部落の存在を歴史的に位置づけることができないままに論議するから、封建制下の差別と近代の差別の区別もできていない。そして、ともかく差別は解消しつつあるということを理論的に基礎づけるために、都合のいい命題をいろいろなところから寄せ集めてきて、切り貼りして急につくった理論でしかないと思いますよ。

筆坂　僕も、そうやってつくった理論だったと思うな。

宮崎　マルクスやレーニンの引用をしているけれども、自分で研究した結果じゃなくて、適当に都合のいい文言をもってきていることが見え見えなんですよ。

解放同盟にもセクト主義があった

司会　ところで、このとき、解放同盟にとっては、共産党が「国民的融合論」をかかげて、北原泰作《きたはらたいさく》、阪本清一郎《さかもとせいいちろう》、上田音市《うえだおといち》、木村京太郎《きむらきょうたろう》、岡映《おかあきら》ら解放運動の長老をみずからのもとに組織したことは痛手だったと考えられます。そのような事態を許したのは、解放同盟中央にどんな問題があったからだと考えられるでしょうか。

阪本清一郎（さかもと　せいいちろう）

一八九二―一九八七　奈良県の部落で庄屋を務めた旧家に生まれ、若いときから社会主義思想にふれ、全国水平社創立者の一人となる。以後、全国水平社の中心として活動。調整能力に優れ、さまざまな対立をさばいてきた。戦後も、部落解放全国委員会顧問、解放同盟中央委員などを務め、部落解放運動の長老、御意見番的な存在だった。

上田音市（うえだ　おといち）

一八九七―一九九九　三重県松阪の部落に生まれ、大阪での労働運動を経て、全国水平社創立大会に参加。その後、三重で水平社運動、農民運動を指導。ボルシェヴィズム系の水平社無産者同盟で活動した。戦後、左派社会党に属しながら、三重の部落解放運動の中心になる。一九七五年（昭和五〇）、国民融合をめざす部落問題全国会議の代表幹事となる。

木村京太郎（きむら　きょうたろう）

一九〇二―一九八八　奈良の部落に生まれ、全国水平社創立を受けて小林水平社、奈良県水平社を組織、ボルシェヴィズム系の水平社青年同盟の中心の一人となり、数々の糾《きゅう》弾《だん》闘争を闘う。戦後、部落問題研究所創立に尽力。六〇年代半ばから解放同盟とは対立してきたが、その闘争歴と人望から解放同盟側からも信頼されてきた。著書に『水平社運動の思い出』『道ひとすじ』などがある。

宮崎　北原泰作《きたはらたいさく》とは対立がありましたし、実践的には解放同盟内にそれほど影響力がなかったから、あまり問題にはならなかったと思いますね。それから、上田音市《うえだおといち》、木村京太郎《きむらきょうたろう》、岡映《おかあきら》は、人望のある古くからの活動家で影響力もありましたけど、もともと共産党員やその同調者ですから、いずれは訣別《けつべつ》しなければならないと思っていたんじゃないですか。問題は阪本清一郎《さかもとせいいちろう》で、なにしろ水平社創立の中心人物ですから、これは痛手だったでしょう。同盟の文書でも、北原はじめほかの人たちについては、呼び捨てで批判していましたが、阪本清《さかもとせい》一郎《いちろう》だけには「氏」をつけて、翻意《ほんい》をうながす調子でしたよね。

阪本清一郎《さかもとせいいちろう》は、戦前からずっと、水平社や解放同盟が分裂しそうになると、統一のために

動いた人ですから、このときも、朝田善之助《あさだぜんのすけ》たちの執行部のほうが統一の障害になっている
と判断したんじゃないですかね。

筆坂　僕は、具体的な事情はわかりませんが、解放同盟執行部、とくに朝田善之助《あさだぜんのすけ》がいって
いた「部落民以外はすべて差別者だ」というとらえかたは、どうしてもセクト主義、分裂主
義につながるものだったのではないかと思いますね。そのへんが、共産党だけでなく、いろ
いろな人たちを解放同盟から離れさせる原因になったんじゃないでしょうか。

第5章　部落解消論と利権問題

対立の第四段階　2004〜

共産党、「部落問題終結」という認識

前段階以来顕著《けんちょ》になってきた共産党の「部落解消」論は、この時期にさらに深められ、部落差別はなくなったと断言するにいたった。差別はなくなったのに、解放同盟が「口実」として差別をつくりだしている、だから部落問題がまだ終結するにいたっていないというのである。

すでに一九七五年（昭和五〇）ころ［第三段階のはじめ］には、共産党は「解放同盟は、部落問題を口実にして、自治体を暴力で脅迫して金をださせ、部落住民の上に君臨して私腹をこやしている暴力利権集団」であると宣伝していた。

だが、いまや「部落問題は客観的には解決しているのに解放同盟がいるために解決にいたっていない」ということになり、解放同盟を解体するのが部落解放の唯一の課題、という主張になってきた。

二〇〇四年（平成一六）四月には、全解連が解散し、全国地域人権運動総連合［全国人権連］が結成された。

全国人権連は、「部落問題解決の四つの指標である、格差是正、偏見の克服、自立、自由な社会的交流」は「基本的に達成された」という立場をとり「部落解放運動の伝統を踏みにじり、差別をネタに利権をねらう暴力・無法・利権集団」である解放同盟が、部落問題解決の障害となっており、「『解同問題』に終止符を打たなければ完全な解決は実現できない」と、共産党と同じ主張をしている。

そして、その「解放同盟の解体」という唯一の課題をはたすために、「暴力利権集団」の不正・腐敗追及キャンペーンが大規模におこなわれてきた。

解放同盟の腐敗、不正の追及

この間、解放同盟の腐敗・不正事件が次々と表沙汰になった。

二〇〇二年（平成一四）、寺園敦史＋一ノ宮美成＋グループ・K21が『同和利権の真相』キャンペーンを展開し、解放同盟側は宮崎学ほか『「同和利権の真相」の深層』などで反論するという応酬がおこなわれた。

同年四月には、ハンナン元会長浅田満《あさだみつる》が食肉偽装事件で逮捕され、六月に食肉偽装事件への関与で福谷剛蔵《ふくたにごうぞう》羽曳野《はびきの》市長が辞職、食肉業界における利権暴露《ばくろ》が続いた。

そして、同年一〇月には、元大阪府同和金融公社幹部が約二億円を横領という事件が起こる。

また、二〇〇五年（平成一七）一二月に大阪の同和地区医療センター・芦原《あしはら》病院が一三〇億円貸付のまま民事再生法適用を申請したが、同年四月、芦原《あしはら》病院報告書で補助の実態は「つかみ金」で、大阪市みずからが「虚偽」精算書を作成していたことがあかるみにでた。

二〇〇六年（平成一八）五月には、大阪市東淀川区の解放同盟飛鳥《あすか》支部小西邦彦《こにしくにひこ》支部長が、六億円にのぼる業務上横領事件で逮捕され、八月には八尾《やお》市の解放同盟安中《やすなか》支部顧問丸尾勇らが八尾《やお》市発注工事での企業恐喝容疑で逮捕される。

一〇月、旧芦原《あしはら》病院一三八億円債権放棄《ほうき》案が大阪市議会で否決される。

二〇〇七年（平成一九）一月、大阪地裁で飛鳥会《あすかかい》元理事長でもあった小西邦彦《こにしくにひこ》に懲役六年の判決がだされた。金融庁は、「飛鳥会《あすかかい》」への関与を問題視し、三菱東京ＵＦＪ銀行［事件当時は三和銀行］に業務停止をだすにいたった。

同じ年、京都市では、いわゆる「同和対策枠」で入っていた市職員の一連の不祥事が発覚し、前年一年間で市の職員一六人が懲戒免職処分、逮捕者を一三人だしている。

奈良では、解放同盟奈良市支部協議会元副議長・中川昌史が職務強要罪で起訴される。五年間に八日間出勤で二千万円余の給与を全額受けとっていたとされる。

共産党、全解連は、これらについて追及し、解放同盟批判キャンペーンを大規模に展開した。これにたいして、解放同盟は完全に受け身に立っており、利権問題についてみずから積極的にあきらかにすることが求められている。

このような事態のなかで、解放同盟が主張しているように同和対策を「継続」するのか、共産党が主張するように「完全打ち切り」をおこなうのか、が焦点になっている。

＊　＊　＊

司会　この段階では「利権」がクローズアップされてきました。この問題をどうとらえたらいいのでしょうか。

「利権」をどう考えるのか、社会集団が、ほかの社会集団とは違う権利をもつことは否定されるべきことなのかどうか。

「利権」と「固有の権利」との関係、自治と「固有の権利」、自治と特権、自治と利権との関係をそれぞれどう考えられますか。

解放同盟が「人民的管理」「自治的管理」と主張していたものは、外から見れば「利権」に見えてしまうでしょう。

そうでないなら、「利権」を社会闘争のなかで「固有の力」に転化することは、どのようにして可能でしょうか。

こういった問題を考えていきたいと思います。

近代の差別

宮崎　いまだされたような問題を考えるには、差別の歴史から見ていく必要があります。近代においても、歴史のある局面で、対立が極めて先鋭化したようなときには、差別が階級支配の道具としての機能を強めたこともあった、とは思います。しかし、江戸時代つまり封建時代の権力構造と、明治維新以降の権力構造は、あきらかに違うわけです。ですから、差別が同じような意味での階級支配の道具であったととらえるのは、ちょっと無理があると思っています。

たとえば明治維新のときに被差別部落民が倒幕の実力部隊として使われて、その後に切り捨てられた例がありました。そういう使いかたは、支配者側の論理として存在しただろうし、その後の富国強兵政策のなかで、被差別部落民が開拓と侵略の最前線に立たされていく歴史、たとえば満州へ集団移民させていく政策とか、そういうかたちで階級支配の道具として使われた側面は、つねにあるわけです。

しかし、それは国民のなかに被差別部落民にたいする差別意識を醸成しようとして、権力がやった政策ではないと思いますよ。あきらかに違うカテゴリーだったわけです。

倒幕実力部隊に使われた被差別民

たとえば、幕末の長州藩では、英・仏・蘭・米との馬関戦争［下関戦争］勃発直前の一八六三年（文久三）に、「屠勇《とゆう》取立」の建策がおこなわれ、実行に移されている。屠勇《とゆう》取立とは、来るべき攘夷《じょうい》戦争に備えるために穢多《えた》身分の者を兵士としてとり立て、名を改め、格を高くして、派手な服装をさせ、良民同様にあつかう、というもので、ようするに被差別民草莽隊《そうもうたい》の組織化であった。このような動きのなかで、維新団、一新組などの被差別民草莽隊《そうもうたい》が結成され、幕府との戦闘に出動した。

部落解放研究所編集の『部落解放史』〔上巻〕は、これについて、「『屠勇《とゆう》』に採用されれば『えた』の称を除かれるという事実が、下層の部落民衆にとっては『解放』と映じていたから、彼らは勇んでこれに応募したし、〔部落〕上層としてもこれに積極的に協力・参加することで部落内での位置の保全をはかったのである」と書いている。

しかし、彼らもまた、維新後の藩権力による奇兵隊粛清《しゅくせい》――武士以外の部分を切り捨てて再編し常備軍に組みこんでいく――の過程で弾圧される運命をたどったのである。

〔宮崎学著、『ヤクザと日本』、筑摩新書〕

被差別部落民の満州移民

満州事変以後、関東軍・拓務省によって推進された満州移民は、被差別部落にたいする融和《ゆうわ》政策にもとり入れられ、中央融和《ゆうわ》事業協会が満州移民を積極的に奨励し、それに応えて、長野・静岡・和歌山・広島・熊本など各地の被差別部落から移民団に参加するものがあらわれた。しかし、「満州に住めば差別はない」というふれこみは裏切られ、さまざまな悲劇を生んだ。

筆坂　日本の近代社会が、かなり特殊だったということはあると思います。絶対主義的天皇制は、近代国民国家ができるまえの政治体制ですから、本来は独占資本主義とは共存できるようなものではない。しかし、これが独占資本主義と共存できているのが、日本の特殊性だと、二七テーゼ以来、日本共産党はとらえてきた。すくなくとも戦前の日本は、急速に発達した資本主義なんだが、そのかなり発達した資本主義と非常に前近代的な要素が結合していた、そういう状態だったと思います。

二七テーゼは、「封建貴族とブルジョアジーとのあいだのいくたの内部的抗争や妥協をつうじて国家権力それじたいの変質をよび起こし」て、「現在の日本の国家権力は、資本家と地主のブロックの手中にある」とし、三二テーゼは、「封建制の異常に強力な諸要素と独占資本主義のいちじるしく進んだ発展との抱合を現わしているところの、日本における支配的な制度の特質」という規定をしたわけです。

それが日本的な近代国家、近代社会の存在のしかただったと考えるべきだと思います。そうすると、前近代的な部落差別も、そういう構造のなかに組みこまれていたということがいえるんじゃないかと思うんですよ。

宮崎　たしかに、日本では、労働者を、資本が直接掌握《しょうあく》することが、長い間充分できないできた。その代わりに親方子方制が、非常に広範にあったんですね。資本は、その親方子方制を基盤にして、親方層を掌握《しょうあく》して、それによって労働者を支配するというかたちだったわけですよ。資本が直接すべてを支配しないで、親方の部分を支配していくことで、全体の労働者を支配していく。そのとき、親方と子方との間にある関係は、近代的な労資関係ではなくて、上下関係のある恩愛と奉仕で結びついた前近代的な関係ですよ。資本は、そういう前近代的な関係を利用して労働者を間接的に支配していた。それは、ヤクザ研究をやるなかでよくわかりました。『近代ヤクザ肯定論』と『ヤクザと日本』に、そのことは、くわしく書いています。

私は、部落差別も、そういう構造のなかで位置づけられるべきだと思っています。**低賃金労働にしかつけない人が被差別民として広範に存在していることは、低賃金構造を維持するうえで、メリットがある。それは、意識的に差別をつくりだして、独占資本がそれを利用した、道具にしたというのとは違いますが、そういう差別があることが、資本の支配にとってかなり有効だったということはあったと思います。もちろんそれは、独占資本なり、ときの政治権力が、意識的につくりだしたのではなくて、民衆の社会意識として広範にあるものを、自分たちに有利なように使ったということだと思いますね。**

筆坂　明治のはじめのころの政策を見ると、明治政府は国民国家をつくるため、本気で封建的な差別をなくそうとしています。

宮崎　それはそうだと思う。

筆坂　もちろん、身分制度があった時代から、かんたんには抜けだせないが、賤民《せんみん》制度は廃止してできるだけ平等にしていきたかったんですよ。差別を意識的に残そうとしたわけじゃない。

宮崎　解放令なんかは、そういう意図からやったことだと思います。むしろ、そういう解放令にたいして、農民なんかのほうが納得しなくて、解放令反対一揆を起こしたりしたわけですよ。「冗談じゃねぇ、あいつらは俺たちとは違うんだ。おんなじにするなんて、俺たちはそれじゃおさまんない」というのが、民衆の基本的な意識だったわけです。

解放令

一八七一年（明治四）、穢多《えた》・非人《ひにん》などの近世被差別民にたいして、身分・職業とも平民と同じにするとした太政官布告。「穢多《えた》・非人《ひにん》等ノ称被廃候条、自今身分職業共平民同様タルヘキ事」と布告された。しかし、それを保障する行政施策はほとんどとられなかったので、被差別部落民は、法的には解放されても社会的に解放されることはなく、新たな厳しい社会的差別に直面することになった。

解放令反対一揆

解放令は府県をつうじて国民に告知されたが、これにたいして各地で反対する一揆が起こった。一八七七年（明治一〇）までの間に、こうした一揆は二〇件を超え、放火・打ちこわし・暴行が数多くおこなわれた。このため、生野・津山・真島・福岡などでは、県が解放令を一時的に撤回したり、実質的に無視したりする措置がおこなわれた。

筆坂　明治維新じたいが、新興階級であるブルジョアジーが下から本当に平等思想や自由思想を興《おこ》して、資本がそれを基盤にして自分たちの支配を確立するために革命を起こしたものではないわけです。だから、広範に前近代的なものが残って、それに乗っかって資本主義が発展してきた。反対一揆は、賤民制廃止だけじゃなく、じつは、租税など、新政府の経済政策にたいする民衆の憤懣が爆発したものでもあった。本来は新政府にたいする怒りの鉾先が部落に向かう。そこのところでは、部落差別をそのまま利用してやれ、という意識を支配の側がもった側面もあると思いますね。

被差別民対策の系譜

宮崎　平沼騏一郎《ひらぬまきいちろう》の細民《さいみん》対策［貧民を細民《さいみん》とよんで内務省がおこなった改善対策］がありますよね。当時の日本の為政者で被差別部落のことをしっかりと認識していたのは、平沼くらいかなと思います。

平沼は、大逆《たいぎゃく》事件のときに主任検事で、元勲《げんくん》の山県有朋《やまがたありとも》の意を直接くんで、社会主義者弾圧にあたったわけですが、和歌山の熊野・新宮グループを摘発するときに、被差別部落の関与を疑うんですね。平沼は岡山の津山の出身だから、被差別部落のことはよく知っていたし、部落が革命運動の温床になることを非常に警戒していました。

平沼騏一郎（ひらぬま　きいちろう）
一八六七―一九五二　東大卒業後、司法省に入り、司法官僚として擡頭《たいとう》し、司法次官、検事総長、大審院長を歴任。退官とともに、国家主義団体「国本社」を創立するとともに、中央融和《ゆうわ》事業協会会長として被差別部落民を善導する融和《ゆうわ》政策の中心になった。のち、首相となり、近衛内閣国務大臣を務める。敗戦後、A級戦犯に指定され、服役中に病死した。

宮崎 そして、平沼は米騒動のときの部落民の決起を見たわけです。**米騒動は、たとえば神戸の米騒動をくわしく調べてみましたが、先頭に立っているのはヤクザと部落民です。**山口組の組員なんかも、おおいに闘っている。**社会主義者はゼロです。**京大人文研の共同研究『米騒動の研究』を見ても、とくに西日本は、各地だいたい同じですね。

米騒動のときの部落民の決起

たとえば、京都の米騒動は、東七条《ひがししちじょう》の部落からはじまり、部落を中心に拡大したのが特徴だったし、大阪府でも今宮《いまみや》、南王子《みなみおうじ》、矢田《やた》などで部落民が決起している。そのほか、兵庫、和歌山、三重、滋賀、岡山、広島、香川、山口と北九州の炭鉱地帯など西日本各地で部落民が決起の中心になっていた。

宮崎　それで、平沼《ひらぬま》騏《き》一郎《いちろう》は「細民《さいみん》対策」の名のもとに被差別部落対策に乗りだすんですが、そのときの問題意識は「社会防衛」です。それまでの日本の刑法思想は、社会にはいろんなヤツがいるのがあたりまえで、犯罪も起こるのが普通なんであって、起こしたらとり締まって、応分の刑罰を加えればいいという考えかただったわけです。それにたいして、平沼たちは「社会防衛」という観点を強くもちこんだんですね。「社会防衛」論とは、反社会的な性格をもったヤツがいるから犯罪が起こるんだ、そういうヤツらを社会からなくすことが司法の任務だという考えかたです。

平沼は、そういう「社会防衛」論の観点から、被差別部落に充満している反社会的な「病菌」を殺菌しようとしたんですね。当時の日本の支配層全体で、被差別部落をそういうかたちで重視していたのは、彼くらいであって、ほかはそう大きな問題意識はもっていなかったように思いますよ。それで、そうした部落対策のためには、部落にカネを撒《ま》いて、部落民を「善導」する。このために、中央融和《ゆうわ》事業協会の会長になって、融和《ゆうわ》事業をおこなった。同時に、水平社のような反体制的な部落解放運動を部落民から切り離して、孤立させ、ぶったたく。この二つを、同時にやろうとしたわけです。

筆坂　なるほどね。いっぽうで体制のなかにとり込みながら、とり込めない連中を弾圧しようとしたわけですね。

宮崎　第3章の「窓口一本化」のところでものべましたが、そのとき、平沼たちは融《ゆう》和《わ》事業のカネを選別して落とすわけですよ。おとなしくいうことを聞く部落にたいしては、融《ゆう》和《わ》事業をおこなう。水平社ががんばっているようなところには、カネを落とさない。いまでいう同和対策が、解放運動つぶしとセットになっていたわけですよ。

こういう両面政策は、戦後にも受け継がれていただろうと思いますね。同対審のメンバーなんかには、そういう意識はなかっただろうけど、戦前の内務官僚の流れをくんだ自治官僚や厚生官僚のなかには、そういう問題意識があったはずです。そういう被差別民対策の系譜があった。利権の問題はそこから見なければならないと思うんです。

同和事業の「人民的管理」「民主的管理」は至難の業

宮崎　選別しながら同和事業をつうじて、懐柔と分裂を一緒にやろうとする。それがわかっていたから、解放同盟は、事業と運動を切り離させないようにしようとした。そのためには、窓口一本化がどうしても必要だったんですよ。役人が選別するのを許さないためにね。そして、事業をどこでどうやるか、事業のやりかたにも指導性を発揮しなければならなかった。

だけど、どうしたって行政［官僚］と癒着《ゆちゃく》が生まれますよ。官僚のほうは、そうなれば、むしろ積極的に癒着《ゆちゃく》をつくりだして、コントロールしようとしますからね。外から見ると、解放同盟が行政を脅しあげて、がんがんやって、ばりばり勝ちとっているように見えますが、じっさいは官僚の手の内だったんですよ。同和事業のそういう展開のなかで、部落のなかには利権屋が生まれてきます。だけど、こういう構造のなかでは、同盟は利権屋をかんたんには切れないんですよ。

いま見てきたような、**権力の被差別民対策の系譜と、それにどう対応するのかというところから利権問題を考えていかなければならないと思いますね。**

筆坂　そういう事業のやりかたをしていれば、利権が生じやすい、あるいは生じるのは避けられない、ということはわかるんですよ。だけど、それにたいする対処のしかたは、もっと考えるべきだったんじゃないのかな。

宮崎　**同和対策は、どうやったって、部落民に一般民とは違う特権をあたえるものにならざるを得ないわけですよ。同和対策は、一種のアファーマティブ・アクション、差別されてきたマイノリティにたいして、低い生活水準から抜けだすチャンスを積極的にあたえようという政策**

なんだから、特別な権利をあたえることにならざるを得ない。そして、その特別な権利の行使のしかたについて、行使するほうが管理するっていうんだから、特権をあたえられたヤツが自分で管理する特権なんて、本質的にもう利権と呼んでいいものなんですよ。いい悪いは別にして、本質的に利権なんですよ。

だから、解放同盟は、「人民的管理」とか「民主的管理」とかいっていたけど、それは言葉だけのことでね。ほんとうに「人民的」「民主的」に特権を管理しようと思ったら、大変なエネルギーと強い意志がいりますよ。ほとんど不可能といっていいやろね。そういう方向を追求するなとはいわないけれど、かんたんにできると思ったら大まちがいだってことですよ。

人権が確立すれば差別はなくなるか

司会　利権問題ともかかわってきますが、共産党も解放同盟も、結局「差別に対して人権を対置する」ということでは同じといえます。

だけど、差別にたいして人権を対置することは有効なやりかたなのでしょうか。

自由な社会である市民社会における差別は、政治的国家における正しい政治による平等な権利の保障によって克服できるといえるでしょうか。

「国家による社会的解放」は可能なのでしょうか。

こういった差別と人権にかんする問題について、考えをお聞かせください。

宮崎　国民的融合論がだされたときに、共産党側は、封建制身分差別にもとづく前近代的賤《せん》視《し》観念がまだ残っている、といっていたわけです。残ってはいるんだけど、資本主義と民主主義の発展、あるいは部落に一般市民が入ってきて融合していくというような社会的変化のなかで、それは解消しつつあるんだ、と当時はそういっていました。それが、いまではもうすっかり解消したといっていますけど、当時は「しつつある」という評価だった。

これは、ある意味では、わかりやすい。そのとき、解放同盟がいっていたのは、賤《せん》視《し》観念とか身分制度を手がかりに資本主義的に再編された新しい部落差別ということです。それを国民的融合論は見落としているという。そして、それと闘う中身として「人権」という概念を解放同盟の側から打ちだしたわけですが、それがくせものなんです。

私はそこで「人権」を対置する必要はない、と思いますよ。**資本主義的に再編された新**

しい部落差別は「人権」と両立しているんですよ。ようするに、ほかの差別問題もそうですが、いまの部落差別は建前で人権を認めながら差別するという内容なんです。これにたいしては、いくら人権を認めさせても、差別はなくなりませんよ。

筆坂　さっき明治維新のときの解放令の話がありましたが、解放令は、あの時点で、被差別民にも人権を認めたものだったわけですが、それだけでは差別をなくすものにはならなくて、逆に差別を続けろという一揆が起こっているわけですね。**差別は、布告をだしたり、人権を宣言したりして、政治的に解決できるものではない。人と人との社会関係を変えなければ差別はなくならないわけですよね。そういう社会関係を変えることによって差別をなくそうというのが、部落解放運動だったんじゃないんですか。**

宮崎　そうです。**その社会関係を変えることによって差別をなくそうとする、その手段が、戦前以来、糾弾《きゅうだん》ということにおかれてきたわけですよ。**もちろん、糾弾《きゅうだん》は、相手をやりこめて自己満足するためにやるんじゃない。それによって、差別意識をなくし、差別意識を生みだしている社会構造をあきらかにするためにやるわけです。

だから、**被差別部落民の権利といったら、大事なのは一般的な人権じゃなくて、差別をなくすための糾弾権《きゅうだんけん》こそが重要なんですよ。**これまでいろいろな差別事件がありましたが、裁判に訴えることはまずないです。全部、徹底して自力救済です。差別表現の問題でも、抗議して謝らせるけれども、裁判所に訴えるということは、はなから頭に入っていないんです。国家をあてにせずに、自力救済でやっていく。これは、なぜかというと、いくら差別はいけないという判決をだしても、差別意識は変わらないからですよ。社会的な意識を変えない限り、差別はなくなっていかない。

コンプライアンスは国を滅ぼし、革命を滅ぼす

司会　それにたいして、共産党は、糾弾《きゅうだん》じたいを否定するようになった。これは法治からはずれる行為をすべて否定しているんだと思います。つまり、かつては自救行為みたいなもの、たとえばゲバでやられたらやりかえすということを、基本的にやってきましたが、それがある時期からまったく否定されたわけです。自力救済のゲバをやっちゃいけないということになった。それで、暴力でやられたら、暴力で守るんじゃなくて、法に訴えろ、告訴しろということになった。それは、ようするに法治主義の枠内で物事を解決するということです。でも、じつは法治主義のもとでも自救行為は認められているんですが、世論はそんなこと認め

ないだろうから、やらないということなんですね。

宮崎　つまり、いまでいうコンプライアンスなんですよ。いわゆる法令遵守ですね。コンプライアンスを尊重すると国が滅びるということを、コンプライアンスの専門家である郷原信《ごうはらのぶ》郎《お》さんがいっています。

というのは、コンプライアンスは、社会にたいして責任をはたしているかどうかではなくて、法を守っているかどうかをまず問題にしろという態度だから、問題を現場において、現場に即して解決するのではなくて、現場から引きあげて、形式的な法に照らして判断しろということになるからです。それじゃ、問題は解決しないんですよ。**経営者がコンプライアンスを宣言するということは、問題解決に真摯《しんし》にあたりますという意味じゃなくて、違法行為が発覚したときのいいわけを用意しておくことにすぎないいわけですよ。**それは、結局、現場での問題解決を抑圧することになります。

コンプライアンスが国を滅ぼす

郷原信郎《ごうはらのぶお》氏は、『「法令遵守」が日本を滅ぼす』〔新潮新書〕のなかで、次のようにのべている。

「日本の場合、法令と社会的要請との間でしばしば乖離《かいり》・ズレが生じます。ズレが生じているのに、企業が法令規則の方ばかり見て、その背後にどんな社会的要請があるかということを考えないで対応すると、法令は遵守しているけれども社会的要請には反しているということが生じるわけです」

「大切なことは、細かい条文がどうなっているなどということを考える前に、人間としての常識にしたがって行動することです。そうすれば、社会的要請に応えることができるはずです。本来人間がもっているはずのセンシティビティというものを逆に削いでしまっている、失わせてしまっているのが、今の法令遵守の世界です」

「日本では単純に法令遵守を徹底しても、世の中で起きているさまざまな問題を解決することにはつながりません。法令の背後にある社会的要請に応えていくことこそがコンプライアンスであると認識し、その観点から組織の在り方を根本的に考え直してみることが重要です」

宮崎　大衆運動や革命運動の指導者がコンプライアンスを宣言することの意味も、まったく同じことですよ。

司会　それは、経営者のコンプライアンスが資本の論理におけるコンプライアンス、企業活動のためのコンプライアンスであるのにたいして、共産党流のコンプライアンスは革命の論理におけるコンプライアンス、大衆運動におけるコンプライアンスだということですか。

宮崎　そういうふうに見ていけば、共産党は、じつに薄っぺらな政治集団になったと思います。**実体としていえば、自力救済というのは、地域や共同体が元来《がんらい》もっている自治能力なんです。**その自治能力が日本の社会でどんどん稀薄になってしまった。それを、法と掟《おきて》の問題として考えれば、家族や村、労働組合のような共同体は、その内部にある規範、つまり掟《おきて》によって運営されているわけです。ところがいまの日本社会では、掟《おきて》の部分がまったくなくなってきているから、逆にコンプライアンス、コンプライアンスということになっていく。コンプライアンスを守ると国が滅びるといってる弁護士がいるくらいなんだから（笑）。

ましで、共産党や解放同盟にとって、全部コンプライアンスにまかせるという発想そのものが、もともとの運動のスタートにおける問題意識から完全に遊離してしまっている、ということなんじゃないのかな。

かろうじて、解放同盟が自力救済を棄《す》て切れていないところが、まだ救いかもしれない。

だけど、解放同盟にしても、新しい立法措置として「人権侵害救済法」をやれといっていますが、まったくそれはコンプライアンスの発想なんです。差別を規制する法律はないより、あったほうがまし、という程度のことなんです。どんな法律をつくっても、差別は起こるんです。そのときにどうするか、運動体としてどう応えるかというだけの話です。かつてとは、違った段階で運動を展開する必要があるのはわかります。しかし、基本的な姿勢は同じであるべきだと思いますよ。

共産党員のエリート意識

司会　共産党の指導部は、どうしてそういうコンプライアンス集団になってしまったんでしょうかね。

宮崎　共産党の指導部は、一貫して、いわば裏返しの近代エリート、対抗近代化のエリートという面をもっていますからね。

筆坂　エリート主義は、たしかにあるんですよ。なぜなら前衛なんだから、愚《おろ》かなる大衆を覚醒《かくせい》させるために指導する部隊だと自負しているわけです。昔は共産党に入るときに、みんなそう思ったもの。入ってからは、世界観が変わるんですよ。電車に乗っても「みんな知らんやろ、一貧乏青年やと思ってるやろ、違うんよ。俺はあんたたちを指導するんやで」(笑)と、そういう意識をもつわけです。そういう意識をもたなきゃ、犠牲的活動なんかやってられないんです。だから、辞めたら「転落」になるわけです。あがったとはならない。別に個人的な事情で「俺にはあわない」と思って辞めても、「アイツ脱落した」「転向した」といういいかたになるわけでしょう。それは、エリートの地位からの転落ということなんですよ。

ましてや、党の路線に反対して除名されるのは、党に敵対する許しがたいヤツだということになるわけです。だから、ものすごくエリート意識が強くなり、排他的になるんですよね。そういうことが一つあると思います。

宮崎　俺は共産党だったときにもエリート意識はなかったね……。ようするに、いっぱい党派があったわけだし、党派のなかから選択したということも関係してくるから、エリート意識はなかったです。

筆坂　私の場合でも、エリート意識というか、前衛意識があったのは数年だね。党幹部になったときは、もうなくなっていた。だいたい専従になった時分から、エリート意識なんて僕自身の場合はなくなっていたね。むしろ、一労働者だったときのほうが、エリート意識があった。エリート意識というとちょっとオーバーですが、「俺は指導する側の人間なんだ」というう自意識があった。しかし、専従になったら、むしろそのへんはゆるくなるんですよ。

コントロールできないエネルギーが怖い共産党

宮崎　僕が思うのは、榊利夫《さかきとしお》の書いたものなんかを読んでいて、「ああ、これはあれなんだな」と思うことがあるんです。あれというのは、それまでの部落解放運動全体がもっていた、ものすごい、とどめがたいようなエネルギーです。共産党中央指導部の言動を見ると、こいつらは、そのエネルギーがいやだったのかな、と思うんですよ。共産党は、このエネルギーを自分たちには管理できないエネルギーとして嫌悪したんじゃないかと。

司会　組織体質においても、かつての解放同盟の場合は、共産党の組織とはまったく正反対の、非常に自由分散的で、多元的にイニシアティブがあって、統制を極力おこなわないという組織でしたよ。

宮崎　それが水平社運動以来のエネルギーの根源じゃないですか。だから共産党の徳田《とくだ》球《きゅう》一《いち》なんかの体質とは肌があったんだと思うんですね。徳球は家父長的だといわれましたが、部落解放運動そのものが、家父長的なんですよ。だからエネルギーがあったんです。ところが、宮本顕治《みやもとけんじ》なんかとはあわないし、途中から不破哲三《ふわてつぞう》とかでてくると、まったく肌があわなくなる。

徳田球一（とくだ きゅういち）

一八九四―一九五三　沖縄生まれの革命家。「徳球」の愛称で親しまれた。一九二二年（大正一一）、日本共産党創立に参画。二八年（昭和三）の三・一五事件で検挙され、非転向のまま獄中一八年。戦後、出獄とともに、共産党を再建、書記長となる。一九五〇年、占領軍の指令で追放され、地下指導部を率いて、非合法武装闘争を展開。北京で客死した。

筆坂　それはそのとおりです。僕は党中央にいたからよくわかる。まえにものべましたが、共産党指導部は、どっちに行くかわからないエネルギーは怖いんです。いまはこっちに向いているからいいけれど、逆向きになる可能性もある。つまり、コントロールできないエネルギーは怖いんです。それをコントロールするために、官僚主義がはびこるんです。

宮崎　専従の数だけで、すごい人数ですよね。

筆坂　その連中からすれば、どんな運動もコントロール下におきたいわけです。それがおけないような運動は、かえって怖いわけです。いつこっちに向かってくるかわからないから。だから、それを押さえにかかるというのは、宮崎さんのいうとおり。

宮崎　**おそらく戦前戦後の部落解放運動は、管理された革命をめざす党派にとってみたら、やっぱり不気味だったんでしょう。その意識の根底には、私は平沼騏一郎《ひらぬまきいちろう》がもった意識と同じ、煩悩に近いものがあるんだろうと思います。**

筆坂　**コントロールできないエネルギーが怖くてしょうがない。その感覚というのは、じつは権力者の意識ですよ。**

反差別と人権

司会　人権の問題に話をもどしたいんですが、これまでのお話からすると、解放同盟がいう「人権」ということも法治主義の枠内ですよね。いわゆる国連に訴えて人種差別撤廃条約とか、国際人権規約など条約や法律をよりどころに活動をおこなう。法治主義とは少し違うかもしれませんが、では、法治ということといわゆる反差別運動とは、どういう関係でしょうか。

市民社会は原則として自由に何をやってもいい領域です。しかし、その行為がほかの人たちの利益を侵害する場合には、法によって規制がされるというかたちになっているわけです。ところが、市民社会のなかでの差別行為は、社会のなかの自由な行為なわけですが、それは法では規制しにくい。だけど、非常に人を傷つける行為である。それにたいして、具体的にあたえた損害とか毀損とかにかんしては、法で処理できるところがあるにしても、そうした行為のもとにある意識を糺《ただ》すのは、市民社会における自由な関係のなかで行われるべきだというのが、基本的な考えかたじゃないかと思うんですね。そこに「糾弾《きゅうだん》」の根拠があると思います。それにたいして、「政治的国家が法や条約によって正しく組織されていれば、市民社会における差別はなくすことができます」というのが、人権やコンプライアンスでの考えかたなんじゃないでしょうか。

宮崎　だから、部落解放運動において「人権」という概念を提起したことは、次のような意味においては、積極的に評価できるんです。それは、解放同盟が「お前さんたち、俺たちの人権を認めるのか、認めないのか」という対抗的な論理として人権というものを使うとき、そのときは人権概念は有効です。しかしながら、人権という確たる実体があって、「この人権というものから見た場合、お前たちのやっていることはいけないんだ」というふうになってくると、これは完全に没主体的な感じになってきてしまっている。そういう立場をとると、逆に、糾弾《きゅうだん》において、糾弾《きゅうだん》される人間の人権を否定することにつながっていきかねないわけです。

だから、対抗的論理としての人権は成立したとしても、人権が「人権真理教」のように宗教的にあがめられるものとしていわれるなら、それはまったく意味をもたないと思います。

むしろ人権の問題は、錯綜《さくそう》していて、たとえば国連レベルの問題にしても、ボスニア・ヘルツェゴビナ紛争にしても、いままで仲よく混住していた人たちが殺しあうわけでしょう。そういう民族的な差別の問題になってきた場合に、人権をもってきても何ら用をなさないところまで、現代社会の差別や矛盾、民族間の対立はきているわけです。人権は、それじたいにはその程度にしか力がないと思うんですが、ただ、対抗的論理として使うには、いまでも充分使える武器としてである。

それから、もう一つは、解放同盟にしろ、共産党にしろ、いろいろな変質の過程を戦後の同和行政の歴史のなかで考えてみる必要があると思っています。同対審答申がだされ、同対法の成立、施行があって、それ以降、同和対策が日本の官僚群のなかに組みこまれていった歴史があるわけです。だから、たとえば同対審以降、各省庁に担当部署がおかれ、行政交渉ができるようになってくる。その結果、とくに運動の盛んな地方行政で顕著《けんちょ》ですが、同和関係部署の担当者が、その行政組織の出世コースに入るわけです。だから、同和対策と、またそれにからんだ利権は、それとワンセットのかたちであったんじゃないのかと思っています。

そういう点では、毒まんじゅうがさらに進化したかたちのなかで、タテマエとしての「人権」の使われかたも考える必要があるのではないかと思っています。

司会　解放運動の方向は、反差別告発運動から人権運動へと展開していますが、どうも内容がともなっていない感じがします。国際人権規約批准《ひじゅん》とか、人種差別撤廃条約批准《ひじゅん》などというかたちで進められていますが、部落解放運動の現場では、あくまでも社会闘争としての反差別告発運動です。そこに、大きな乖離《かいり》があるのではないかと思われますが、どうでしょう。

筆坂　自救行為というか、糾弾《きゅうだん》というか、そういう基盤がなくなっているんじゃないかな。それは水平社ができたときとは状況が変わっていますよ。その意味では解放同盟じたいが、もう存立基盤をほとんど喪失《そうしつ》しているんじゃないかと思います。しかし、差別は全部解消したかというと、それはそんなかんたんになくならない。まだまだ差別はありますよ。だけど、従来の解放同盟のような組織のありかた、運動のやりかたでは、それと立ち向かえなくなっているんじゃないか、いまの新しい社会環境、社会状況のなかで、どうやって斬新な運動を組織していくのか、あるいは、理論構築していくのかということ、それが必要なんであって、いままでの延長線上ではむずかしいんじゃないかと、僕はそう思います。

司会　そのときに、いまの運動のありかたとして、一番大きかったのが、解放同盟の今年の大会（二〇一〇年）でも指摘されていますが、麻生太郎の野中広務氏にたいする差別発言にたいして、抗議できなかったということです。

この糾弾《きゅうだん》ができなかったんですから、今後どんな差別事件が起こっても、「麻生を糾弾《きゅうだん》してから来い」といわれれば、それで終わりでしょう。糾弾《きゅうだん》権は、どんな犠牲を払っても、貫徹してきたわけで帝国軍隊にたいしても怯《ひる》まなかった。これが運動の生命線だといってきたにもかかわらず、麻生の糾弾《きゅうだん》はやりませんでした、いまの中央執行委員会は抗議文もだしていません。運動団体としての矜持《きょうじ》が問われています。

麻生太郎の野中広務氏にたいする差別発言

自民党の麻生太郎は、二〇〇一年（平成一三）、森喜朗内閣崩壊後の自民党総裁選挙をめぐって、野中広務元官房長官を指して「あんな部落出身者を日本の総理にはできないわな」と発言したといわれる［魚住昭著、『野中広務　差別と権力』、講談社］。二〇〇九年（平成二一）一月一五日付『ニューヨークタイムズ』は、「日本の被差別民いまだ受け容れられず」と題する記事を掲載して、この問題をとりあげ、しかも、そのなかで亀井久興《かめいひさおき》が麻生発言を事実として証言していた。しかし、解放同盟は「麻生糾弾《きゅうだん》」に動こうとはしなかった。

属地主義と部落空洞化

宮崎　現場の社会闘争としての解放運動にも変化が生じています。それは、解放同盟という組織のありかたとも密接に関係しています。というのは、部落差別も今日では、地域の枠を越えて発生し、それがますます大きな問題になっているからです。たとえば2ちゃんねるでの差別書き込みみたいなものです。部落差別は、もともとは居住地域を根拠にする差別であったにもかかわらず、いまではそれとは違うかたちになっている。

ところが、部落解放運動は、ずっと地域主体の運動であったわけで、そのあたりに対応できなかったのではないかと思う。たしかに、同和対策は、属地主義的にやらざるを得ないわけです。何が差別で、どう対策を講じるか、というとき、行政措置としては、基本的に居住地域を決めて、やらざるを得なかった。だけど、解放運動は必ずしも属地主義でなければならないことはないわけです。同対法以降の運動は、同対法にしばられて属地主義的になっていったということはあるんじゃないかと思います。

司会　二〇年くらいまえに、土方鉄《ひじかたてつ》［文学者・部落解放運動家］さんがいっていたのは、そのことなんですね。だんだん部落外へでていく若者が増えてきた。高校や大学にも行けるようになり、高学歴で外で働けるから、部落に住まなくてもいいわけです。年収も四〇〇万円を超えれば、部落外で所帯をもてる。このままでは、それがどんどん加速して、部落は空洞化するという危機感を土方さんは、ことあるごとに語っていました。

現に、いまそうなっているわけです。都市部落では、外から来た住民のほうが多い地区もある。高学歴で就職できた人間は、ほとんど外にでてしまって、若者がいない。部落にいる人は昔からいたお年寄りと母子家庭、父子家庭という状態です。本当に空洞化しています。だけど、それは、すでに予見できていた事態なんですね。しかし、それにたいして運動はあまり対策をおこなってこなかったんです。部落からでていった部落出身者をどう組織するか、という……

宮崎　それは、根本的に転換しないと、できないよ。そこは、解放同盟としては、真剣に考えないといけない。

土方鉄（ひじかた てつ）
一九二七―二〇〇五　作家。京都の竹田部落に生まれ、小学校卒業後、鉄工所で働くが、肺結核で療養生活に入る。そのなかで文学と思想に目覚め、新日本文学会に加わり、共産党入党、部落解放運動に参加する。『解放新聞』編集長などを務めた。作品に『部落』『差別への凝視』などがある。

司会　同和対策とリンクした運動になってしまったために、解放の理論としては民衆のなかにある差別意識を払拭《ふっしょく》することを課題にしていながら、運動の実践としては、差別のゆえにある貧困や無権利状態をなくしていくというところに集中せざるを得なかった。全国の解放同盟の支部の三割以上が「特措法支部」ですからね。ようするに、一九六九年以降に、特措法の同和対策事業を基盤にした支部です。

同和対策とリンクしすぎたために、毒まんじゅうで堕落したというよりは、属地主義にしばられた狭い運動になってしまった点にこそ、大きな問題があったのではないかという気がします。

宮崎　たとえば、かつて一九五〇年代、六〇年代には「非行は同和教育の宝だ」といっていたんですよね。これが同和教育のスローガンだった。非行に走っているのは、差別から抜けだそうという気持ちのあらわれだ。非行に走るには理由があるんだ。圧倒的に貧しい部落の生活環境とか、低い教育水準とか、そういうものが非行に走らせているんだから、これをきっかけにして同和教育をやれば、差別と闘う主体性がつくれる、というわけだよね。ところが、七〇年代に入ってからは、「非行は差別に負けた姿だ」といわれるようになったわけですよ。ただ非行に走ってだけいるんじゃ、ダメだ、差別に負けないで闘おうというわけですよ。まあ、これも運動の発展を反映しているとはいえるかもしれないけれど、その後、**同和対策で生活状況が改善されていくなかで、かつてのような負の状態をバネにした主体性に代わるものがつくれていないという現実があるのではないか。**

利権問題の深層は官僚制にある

司会　利権と特権の話にもどれば、共産党は、普遍的な法にもとづいて公正な行政をやっていれば、利権は生じなかった、という考えかたですよね。それにたいして、解放同盟は、あくまで大衆運動の論理を立てて、その論理で実践してきたわけですね。

そのとき、運動は固有の権利をもとにして、その権利を行使するというかたちで進まざるを得ないわけですが、それを、あくまでも大衆運動の論理にもとづいて、部落民固有の要求にもとづいて、それがわれわれの固有の権利であるという主張を前面にだしてやっていったときに、要求が実現されたときには、それが利権なり特権になるという問題がでてきているわけです。

これは、いまいったような大衆運動の論理でやるから、そこに利権が生じてしまうということなのか、それともその大衆運動のやりかたがまちがっているからなのか、どうなんでしょうか。

宮崎　それはね、社会のなかに現実に差別がある以上、それを解決するには、部落に特権をあたえなければならないのは差別をなくすためのコストである、と考えればいいんじゃないかと思うんです。つまり、差別をお前らがずっとしてきたんだから、その分は払えという話であって、差別をしなければ利権は生まれないんだ、ということじゃないかと思うんです。

ただね、利権の構造を考えれば、利権が生まれるシステムは、窓口一本化と深くかかわっています。窓口が一本化され、特定の官僚組織と特定の運動団体が、その問題については排他的にかかわりあうわけです。そのとき、官僚は官僚として出世したいし、運動団体との間の友好的な関係を維持していくためにも、金を撒《ま》くしかないわけです。それが出世につながっていく。

関西の場合、多くの市の助役や出納長が、同和対策課出身ですよ。自治体だけじゃなくて、たとえば、農林省の畜産課長は、事務次官候補の一つになっているわけです。それは、官僚と運動団体の利益が一致するわけです。今回いろいろなかたちで解放同盟の利権問題があきらかにされてきましたが、いっぽうの当事者である官僚までは、訴追《そつい》がなかなかおよばないんです。なるほどハンナンの浅田には問題点があったかもしれない。しかし、浅田にそれを教唆《きょうさ》したのはだれなんだ、ということです。浅田に広島の肉屋に行って、肉を買ってこいと命令した人間がいるわけでしょう。その官僚連中はなにゆえ免罪《めんざい》されるんだ、ということです。それは裁判のなかでも浅田の側の弁護士が「官僚の指示にもとづいてやったんだ」といっています。官僚が泣きついてきてるんだから、浅田のほうもやらざるを得ない。そういう意味では、飛鳥会事件《あすかかいじけん》も同じですね。あれは、大阪市が泣きついたことが発端《ほったん》です。問題となった駐車場の件以外にも色々あります。事件発覚後、大変なことになりましたけど、それは行政も認めているわけです。なんとかしてくれといってきた人間は、うまくいけば自分が出世できて、官僚的欲求を満たすことができるわけです。それと裏腹の関係で、利権というものが生まれている。

飛鳥会事件《あすかかいじけん》

解放同盟大阪府連飛鳥《あすか》支部長でもあった社団法人飛鳥会《あすかかい》会長・小西邦彦《こにしくにひこ》が、大阪市の外部団体から独占的に事業委託されていた駐車場の利益を過少申告し、差額を横領したとして、二〇〇六年（平成一八）五月に逮捕された事件。東京三菱ＵＦＪ銀行［元三和銀行］支店長も関与の疑いで逮捕された。

筆坂　そりゃ、部落問題に限らずに、官僚も政治家も、みんな利権を使って肥え太っていたんだからね。それは、利権にできるだけのパイがあったわけですよ。そのとき、部落解放同盟は、窓口一本化して、力ももっていた。だから、そこに割りこめたというふうにも見ることができるわけですよ。大衆団体が割りこめなかったような分野では、利権は官僚や政治家のやりたい放題だったってことですよ。そのとき、部落問題は、ややこしい問題だし、それを解放同盟のほうが全部仕切ってくれるわけだから、官僚のほうからしたって、非常に好都合な存在だったわけでしょう。そういう点では、利権が解放同盟に浸透する必然性があったんだと思いますよ。

宮崎　だから、同和利権を一番食ったのは公務員、官僚だと思いますよ。官僚が一〇〇だとしたら、部落で同和利権食った人たちは五〇くらいかもしれない。ともかく、全体としては、まったく官僚主導ですよ。そのとき、官僚が問題にされて、利権の構造全体があきらかにされて、そのうえで部落の利権も問題にされるんなら、それなりに理屈はとおりますが、構造全体、官僚の利権は不問というんじゃ、納得できないですよね。

筆坂　そこには、利権を可能にする経済的、財政的基盤があったんじゃない？　高度成長が続いて、国も自治体も財政的に豊かだったわけです。いまのように財政危機で、地元の自治体もパンク寸前という状況じゃない。日本経済の高度成長にあわせて利権の仕組みができあがっていったというのは否定しがたいと思います。

司会　「遅れてきた高度成長」ですね。一〇年くらい遅れて部落に高度成長がやってきて、それに乗ったということでしょうね。

筆坂　だから、国も地方自治体も財政危機で、ピンチになってくると、もうどうにもならなくなってきていますよね。そういう意味では、やっぱり経済が膨張したことが、大きな背景にあったと思います。それが、いまのような日本経済の状態になってきたら、もうそんな利権なんて成り立たないですよ。

解放同盟のゆくえ

司会　さきごろ（二〇一〇年三月）、部落解放同盟の第六七回全国大会が開かれましたが、ここであきらかになった解放同盟の現状を見ますと、まず、同盟員数は一九八〇年当時と比較すると、六〇％減になっているんですね。いま七万人です。それを公式に発表しました。

同対審答申がだされて以降、一九六〇年代後半から数年の間に、同盟組織は飛躍的に伸びたんですが、いままた一九六〇年代後半の状態にもどってしまったということです。しかも、いまや同盟員の平均年齢は六〇歳を超えているという状況です。代議員も高齢化が進んで、東京に集めるのが容易ではないのが実情です。

大会じたいも、通例、人事があるときの大会は三日間やるんですけど、二日間しかやらなかった。同盟の綱領《こうりょう》を改定するといっていますが、もう活発な討論ができる状況じゃないんです。危機的な状態です。

宮崎　共産党だって、解放同盟と違って、指導部があからさまにしないだけで、大同小異の状態ですよ。両方とも潰れかかっているものじゃないですか。倒産寸前ですよ。なぜ倒産寸前になったのか。それをいまさらあきらかにしても、もはや再生はできないという状況でしょうね。

司会　解放同盟には、自らを糾《ただ》す力も残っていないという気がします。だれもそんな決断をできないし、ずるずるしぼんでいくことしかできないんじゃないでしょうか。

宮崎　リーマンショック以降の企業倒産というのは、じつは意外と少ないんです。むしろ自然消滅している。整理もできずに、自然消滅です。「あ、あの会社がなくなった」という感じ。解放同盟も、そうなる可能性が大きい。「あれっ、解放同盟ってあったのに、どこいったんだろ」

てね。

司会　自分たちで、自分たちの始末をつけられなくなるということですね。いまでも、小さな県連だと支部が次々に消滅していって、県連として機能しなくなってきているんです。支部は何世帯かないと、支部として成立しません。その支部が消滅していって、同盟員は高齢化しているという現状です。

解放運動が発展すればするほど差別がなくなるわけですから、部落解放をめざす解放同盟の組織の必要が薄らいでくる。だから、われわれは解放同盟をなくすために活動しているんだと、上田卓三《うえだたくみ》〔元解放同盟中央執行委員長・社会党衆議院議員〕がよくいっていました。そういう意味での弁証的な過程としての組織消滅であれば、いいんじゃないかとも思うんですが、はたしてどうなんでしょうね……。

宮崎　ほんとうに部落問題が解決して部落差別が消滅するんなら、それでいいんだけどね。残念ながら、そうじゃないわけだからね

司会　最後に締めの言葉を一言ずつお願いします。

筆坂　結論的にいえば、部落解放同盟の歴史的役割は終わったと思います。少なくとも経済的にいえば、かつてのように被差別部落だけが著しい貧困状態にあるというわけではないで

しょう。自力救済や実力闘争主義が後退していったのは、部落解放同盟の組織が高齢化したというだけでなく、その根拠、基盤がなくなりつつあることの証しだと見るべきですよ。ですから部落解放同盟の存在意義が希薄になってきたことは、肯定的に評価すべきだと考えます。

もちろん、部落への差別意識そのものは、まだ完全になくなってはいません。そのことは麻生前首相の発言でも明瞭です。前掲の『太郎が恋する頃までには…』でもあきらかなように、結婚をめぐる差別も依然として存在しています。でもかつてに比べるなら相当程度なくなってきていることも否定しがたいと思います。

ただこうした社会にはびこる差別意識を解消していくのは、部落解放同盟の存在が、はたして有効なのでしょうか。解放同盟に実力闘争をやる力があるのかどうか知りませんが、この路線をとっている限り、むしろそれは部落差別を助長するものになりかねないと僕は思います。歴史的役割は評価しつつ、まったく新たな道を模索すべきではないでしょうか。

歴史的役割ということでいえば、日本共産党にも同様の指摘をせざるを得ません。僕は日本共産党を離党してから、同党のことを外から見ていろいろ考えたのですが、その一つが一九二二年の党創立以来八十八年という歴史の長さです。共産党は、この長い歴史を誇りにしていますが、ここに根本的な疑問をもつのです。

世界のどの革命もそうだと思うのですが、革命というのは機が熟しているときに一気にやるものでしょう。共産党自身、党をつくったときには八十八年も革命できないとは、まったく想定していなかったはずです。一九五八年の第七回党大会を経て、一九六一年の第八党大会で綱領《こうりょう》をつくりあげますが、このとき最大の論争点になったのが、まず民主主義革命を経て社会主義革命に連続的に発展していくという二段階革命論か、それとも直ちに社会主義革命をめざすかということでした。結論的には二段階革命論を選択したのですが、それから半世紀経ちましたが、その緒につくことすらできないでいます。

革命をめざしながら八十八年間何もできない。党をつくったときには、革命に燃える党だったのが、いまや革命を忘れた老年の党になっています。これは革命政党として完全に破綻《はたん》したということにほかなりません。長さは誇りにすべきことではなく、むしろ恥ずべきことなのです。

前述しましたが、いまや不破氏は、社会主義革命に共産党やマルクス主義〔科学的社会主義〕が不可欠なわけではない、とまでいうようになりました。これは共産党の指導者自身が共産党の存在意義を否定しているようなものです。であれば解党して、一から出直すぐらいの改革を共産党自身すべきでしょう。

もう一つ指摘したいことは、共産党はたしかにさまざまな大衆運動を組織してきたと思います。それはそれで一つの貢献であったことはまちがいありません。ただ部落解放運動でもそうですが、大衆運動をつねに党のコントロール下におくというのが、確固たる方針でした。それが大衆的な運動の発展にとって、いつでも障害になってきた。この罪の大きさを改めて痛感します。

もともと「前衛」規定や民主集中制は、暴力革命にとって必然的なものでした。軍隊的規律のようなものですから。それが議会主義に転じてからも引き継がれてきた。しかも、この政党の特徴は、部落解放運動にたいしてもそうですが、「前衛」たる共産党はいつも絶対的に正しい、まちがいはない、という前提に立っていることです。口先では「無謬《むびゅう》主義ではない」といいますが、実態は無謬《むびゅう》主義そのものです。ですから路線転換しても、なぜ路線転換したのか、まえの路線はどこがまちがっていたのか、あるいは不充分さがあったのか、何も説得力ある説明、解明をしないことです。ところが説明なき路線転換で多くの大衆的な運動に混乱をあたえてきました。今回は、部落解放運動と共産党というテーマでしたが、平和運動でも、労働運動でも同様だと思います。

宮崎　この日本という国が衰退《すいたい》の一途をたどっている全体状況のなかで、たとえば部落解放同盟だけが生き残るということは至難の業であるわけです。組織率は低下しているし、同盟員は高齢化している。こうした客観的な条件を考慮しただけでも、その先行きがたしかに暗いことはまちがいない。

　しかし、それは「組織」としての話なんです。水平社以降、解放同盟がはたしてきた日本社会にたいする「警鐘」としての存在意味は、何ら減殺《げんさい》されることはないのではないか。水平社創立時の柏原三青年［西光万吉《さいこうまんきち》・阪本清一郎《さかもとせいいちろう》・駒井喜作《こまいきさく》］の覚悟、戦後、福岡の炭鉱町出身で、解放同盟の活動家だった羽音豊《はおとゆたか》さんが、部落のおばあちゃんに拝まれて、要求実現のために決死の思いで交渉に向かうさいに「もう死んでもいい」と決意した。これは『近代の奈落』に書いたことですが、羽音さんにそう決意させた無償の「思い」、こうしたところに見られる「精神」は、日本の民衆のなかで伝承されるべき「物語」なのではないか。そこには「坂の上の雲」ではない、本当の日本近現代史を生きた人たちの「坂の下の雲」がある。民衆の生の姿と感情がある。

　ところで部落解放にかかわる戦前、戦後の歴史は、その「運動方針」のよし悪しを議論してもどれだけの意義をもつか、私はつねに疑問をもって来たわけです。戦前の平沼騏一郎《ひらぬまきいちろう》がそうだったように、また戦後の官僚総体がそうだったように、「運動」そのものが「官の下請け化」することでしか「確立」し得なかったという、この国の社会運動の特異性が問われるべきなのではないか。

そんな思いから、部落解放運動史を考えるとき、「党」と解放運動の関係に目が移り気味となるが、それじたいに問題があることを私は認めるものの、それ以上の問題として総括すべきは、「官」との関係ではないか。「官」からも、そしてもちろん「党」［それは日本共産党にとどまらないですけれど］からも敢然《かんぜん》と自立した運動を、なぜ展開できなかったのか――そのことをまず考えるときにいたっていると私は思っているわけです。

暴論という批判は甘受するとして、私は次のように考えているんです。組織が痩せ衰え、先細り、仮に壊滅《かいめつ》しても、そこで育まれた精神が残ればそれで充分であると。

組織は、しょせん、運動を効率的、合理的におこなうための道具にすぎない。組織は、その気があれば再建できるが、精神の再興はきわめて難しい。

解放同盟という組織の先行きを案ずることはない。むしろ、水平社、部落解放同盟を支えた人たちの精神が風化すること、それこそを私は憂えています。

補論　日本共産党と部落解放同盟対立の歴史的・社会的背景

大窪一志

一九六〇年代半ばにはじまった日本共産党と部落解放同盟の対立・抗争の背景には、一九六〇年代後半から七〇年代という時代にあらわれた大きな社会的な環境変化があったと考えられる。

高度成長による社会変化と共産党・部落解放同盟

一九五五年にはじまった高度経済成長は、一九六〇年に成立した池田勇人《いけだはやと》内閣の「所得倍増計画」で全面化し、政治学者の高畠通敏《たかばたけみちとし》が「生産力ナショナリズム」と名づけた社会意識に大衆が包摂《ほうせつ》され、大衆の欲望が資本のもとに組織されていく過程が進んだ。

その過程は、戦前来の自然村型秩序から企業社会型の統合へと統合の重心が大きく転換していく過程でもあった。これをもって政府系シンクタンクＮＩＲＡ［総合研究開発機構の略称］は「日本型市民社会」――じっさいには近代市民社会とは異質の社会ではあったが――の成立と評価していた［『事典　日本の課題』］。

このような社会変化にたいして、被差別部落は、社会に根強く存在した差別のゆえに変化の波に乗ることができず、高度成長からとり残された。と同時に、ほかの大衆組織が企業社会型統合に巻きこまれて、みずからの立脚点を失っていくなかで、被差別部落民の大衆組織である部落解放同盟は、部落が社会変化からとり残されたがためという消極的要因によるものではあったが、あくまで居住・地域で仲間としての結束を守って闘っていく方向をとっていた。

だから、被差別部落の大衆と部落解放運動は、形成されていく「日本型市民社会」には背を向けていったのである。というよりも、好むと好まざるとにかかわらず、背を向けていかざるを得なかったのだ。

共産党をふくむ左翼は、このような「日本型市民社会」の形成を独占資本の利益のために大衆を犠牲にするものだとして、居住・地域の結束［たとえば住民運動、公害闘争など］をふくめて、反対運動・対抗運動を組織しようとした。

しかし、そのような運動は局所的には高揚したものの、全体としては、そうした運動をよそに、大衆は、企業、学校、利益団体などの中間組織をつうじて「日本型市民社会」の企業社会型統合に滔々《とうとう》と包摂《ほうせつ》・組織化されていったのであった。

こうした包摂《ほうせつ》・組織化にたいして、一九六〇年代半ばまでの共産党は、みずからの指導のもとに階級別・階層別の大衆組織への組織化を進め、それらの大衆組織を結合して、「労農同盟を基礎とした民族民主統一戦線」を結成しようと努めていた。そして、この統一戦線を「革命の推進力」「新しい権力の基礎」として、反帝反独占の民主主義革命を遂行しようとしていたのだった。

そして共産党は、解放同盟をも、この統一戦線のもとに組みこもうとしていた。だから、「敵〔米日反動〕を明らかにせよ」「特殊利害に拘泥《こうでい》せず階級的・人民的課題を優先せよ」「全人民的統一戦線に結集せよ」といった方針を貫こうとしていたのである。

しかし、そもそも「日本型市民社会」に背を向けていた〔背を向けざるを得なかった〕解放同盟指導部は、こうした共産党の指導に反撥《はんぱつ》し、被差別部落固有の要求と課題を優先して追求していったのである。敵をあきらかにするよりは味方を集めることを、階級的・人民的課題よりは部落民独自の課題を、全人民的統一戦線よりは被差別部落の団結を優先したのだ。

ここに、共産党と解放同盟の最初の対立、本書でいう第一段階の対立が生まれたわけである。

一九六〇年代末における共産党の路線転換

ところが、一九六七年ごろから共産党の路線転換がはじまる。

一九六三年に党内のソ連派が分離したのに続いて、六六年には中国派が分離した。これをつうじてソ中のいずれからも距離をおいて「自主独立」を標榜《ひょうぼう》した共産党は、一国革命に純化するとともに、理論的な構成よりは現実的な対応を重視するようになった。

その最初の顕著《けんちょ》なあらわれが、一九六七年三月に『赤旗』に発表された岡正芳《おかまさよし》「『地域開発』反対政策の位置づけについて」であった。

この論文は、「『地域開発』『社会開発』」に反対するだけでなく、その反対以前に、大衆の不満や要求を解決する方向を提起しなければならない」とするもので、「全人民的立場」＝「革命の立場」一辺倒ではなく、それ以前に、「地域住民の立場」＝「要求実現の立場」を優先すべきだとのべていた。

つまり、大衆が自民党政府や独占資本の「地域開発」「社会開発」に期待や幻想を抱くのは、現状のままでは解決されない不満や要求をもっているからで、「地域開発」「社会開発」に反対するだけでなく、その反対以前に、大衆の不満や要求を解決する方向を提起しなければならない、というのである。

その裏には、政府と独占資本が、搾取《さくしゅ》と抑圧をおこなっているだけではなく、そこから生まれる矛盾をそれなりに解決して大衆を包摂《ほうせつ》し組織化していっているという認識があった。

のちに党中央委員会書記局長、委員長になる不破哲三《ふわてつぞう》は、一九六九年一二月の「政策活動の前進のために」という論文のなかで、この岡正芳《おかまさよし》論文をエポックメーキングなものであり、その後における共産党の政策の基調をなしたものとして評価しているが、そこで、「これらの政策〔「地域開発」政策、「構造改善」政策〕の一つの重要な特徴は、自民党政府と米日独占資本がかれらの搾取《さくしゅ》と抑圧でうみだした矛盾をかれらなりに解決しながら、新しい支配と収奪の体系をつくろうとしていることと結びついて、そのなかには大衆に一定の期待や幻想をあたえる要素がかならずふくまれていることです」とのべている〔不破哲三著、『政策活動入門』、新日本出版社〕。

これは、それ以前の共産党が、被差別部落における「地域開発」政策、「構造改善」政策にある同和対策審議会答申にたいしてとっていた態度とは大きく異なるものであり、その意味ではあきらかに路線転換であった。そして、この路線転換が、まだ全面化しないうちに、部落解放運動の領域では先行的にあらわれ、解放同盟にたいする第一段階における左翼的批判を転換し、右翼的批判として展開されていくことになった。それが本書でいう第二段階の対立のはじまりであった。

この路線転換は、一九七〇年の共産党第一一回党大会以後、全面化する。

ここでは、大衆の不満や要求を解決する方向を提起するというかたちで大衆の要求への同化が進み、大衆追随《ついずい》を深めながら、「日本型市民社会」と「近代市民国家」の論理に沿った要求実現を追求していくことになる。

それは、大衆闘争による要求実現から議会と自治体をつうじた要求実現への転換でもあり、統一戦線戦術から人民的議会主義への転換だったのである。その議会主義が純化されてゆくにともなって、階級・階層別の大衆組織もそれぞれの固有性、自律性を奪われ、議会への圧力組織のような平面的なものに変えられていってしまうのである。

このような一連の路線転換の過程は、一九六〇年代前半において、高度成長による広く深い社会変化に対応できなかった共産党が、七〇年代において、これになんとかして対応しようと変身を図《はか》ったものととらえることができよう。

だが、まだ、大衆闘争、大衆組織、統一戦線を完全に捨てたわけではなかったし、転換が一気に起こったわけではなく、漸次波及していったので、一定の過渡期が現出したわけである。それが、解放同盟との対立においては前記の第二段階だったのだ。

一九七〇年代共産党の支持基盤の変化

一九七〇年代はじめ、筆者はまだ共産党員だったが、この時期に筆者が直接、間接に体験した党活動のなかで、共産党の支持基盤が、大きく変わっていくのを感じた。

大学卒業後も一九七四年まで本郷の東大周辺に住んでおり、居住支部の活動に協力していたし、その後も大学に残った同輩や後輩と一緒によく議論していたので、六〇年代末から一〇年間くらいの本郷地域の党活動の状況を――途中からは外部からではあるが――近くから見てきた。

たとえば、地域工作の手応えからして、共産党支持層の分布が本郷台の斜面をしだいに登っていった、と考えられる。つまり、もともっとも支持が厚かった谷の底にある根津《ねづ》・

千駄木《せんだぎ》の長屋の低所得層から、斜面の一戸建て・マンションのサラリーマン層へ、やがては高台の白山《はくさん》お屋敷街につながる高級住宅地へと支持基盤が変わっていったのが、この一〇年の変化の様相だったのだ。一番上に到達することはもちろんなかったけれど、台地の上の高所得者層にちらほら支持者を見いだすことができるようになったころには、底辺の長屋地域はすっかり公明党に浸食されていた。

一九七二年一二月の総選挙のまえ、党本部では躍進のために右旋回することを意識的に追求していた。それは、政策だけでなく、有権者にたいする態度、接しかたによくあらわれていた。僕らが学生のころは、地域に工作に入っても、礼儀正しく相手の話をよく聴かなければならないといわれたものの、政策や思想抜きの「ニコポン」[ニコニコしながら相手の肩をポンと叩き、親しげにすることで人を懐柔したり、人に物を頼んだりするような態度]はだめだ、といわれていたものだったが、もはや「ニコポン」全開だった。

そして、その結果として、共産党は三八議席への躍進を成し遂げた。さらに、これが議会主義を推進していけば「いける」という確信になって、「七〇年代の遅くない時期に民主連合政府を実現する」ことが現実的に可能だとして、それに集中するようになっていったのである。じっさい、のちに副委員長になる上田耕一郎などは、このころに本当に民主連合政府が実現可能だと思っていたとあとで聞いた。

そうした社会への順応のいっぽうで、共産党に活動家を供給する「貯水池」が枯渇していった。

七〇年代半ばになると、民青同盟の低迷、労働運動において青年労働者を獲得できない状況、学生運動の停滞、やがて崩壊といった、青年学生運動の後退が顕著《けんちょ》になってくる。それは、共産党が革命を語らなくなり、大衆闘争をくりひろげず、青年学生の憤懣《ふんまん》や突出に応えようとしなくなったからであった。そんななかで、七〇年代末、東大本郷における最大党派は、民青でも新左翼党派でもなく、勝共連合になるという事態にまでいたった。

このように若い活動家が枯渇《こかつ》してくると、運動の足腰が弱り、大衆運動を展開できなくなり、その分、よけい議会主義に傾斜していくことになる。悪循環である。

やがて、党員・活動家の平均年齢がどんどんあがっていき、また女性［なかでも主婦］の比重が高くなっていく。その女性［とくに主婦］党員・活動家のなかからやがてヤマギシ会とエホバの証人に流れていく人たちが相当数でてくるようになったという。

それが顕著《けんちょ》になったのは、九〇年代になってからだが、すでに七〇年代後半から急増した主婦党員のなかには、そうした要素が胚胎《はいたい》していたのではないかと思われる。九〇年代になってから、『赤旗』では「現代こころ模様——エホバの証人、ヤマギシ会に見る」という長期連載で大々的に批判キャンペーンがおこなわれるまでになった。ここには、七〇年代以降に形成されていった共産党活動家と支持層の意識のありかたの一端がしめされているように思われる。

また、議会主義党になっていくにつれ、専従以外の党組織のリーダーが「地方議員」「弁護士」「医師」「教師」などインテリ専門職、亜インテリ中間層にシフトしていった。そこから、党組織がプチブルジョア化し、「人並み」意識・「ねたみ」意識が温存、培養されていったと考えられる。この面においても、共産党活動家と支持層の意識のありかたが変化していった。

このようにして、一九七〇年代における共産党は、高度成長以降の社会に適応することはできたが、それは革命党として適応したのではなく、議会政党として適応したのであり、「階級政党」＝労働者と農民の党として適応したのではなく、「国民政党」＝一般国民の党として適応したのであった。

被差別部落に遅れてやってきた高度成長による変化

それでは、一九七〇年代の部落解放同盟はどうだったのか。

被差別部落は、同和対策事業を利用することによって、ようやく遅れてやってきた高度成長にさらされていった。それは部落の状況を大きく変えていくものであった。

同和事業によって部落の生活状態は大きく改善された。これは、解放同盟を中心とした被差別部落の大衆運動がかちとった成果として評価することができる。しかし、その半面において、新しい問題がさまざまなかたちであらわれてきた。

一つには、行政の同和対策による被差別部落への資金投入にたいして、周辺の一般住民から「逆差別」という反撥《はんぱつ》〔解放同盟側から見れば「ねたみ差別」〕が生まれてきた。

また、これも同対法、特措法による支援もあって、食肉産業をはじめとする部落産業が発展したことにともない、部落に企業連が組織されて、事業にからむ利権が発生し成長する。また、部落内の企業に部落外から労働力が流入する。やがて、資本家は部落民、労働者は一般民というかたちも生まれてくることになった。

さらには、土地価格が低い部落周辺に宅地が造成されて一般民が住むようになるにともない、部落の境界があいまいになる傾向が生まれた。部落および部落の縁辺への労働者・貧困者の流入によって、従来の部落のなかにも非部落民が住み、部落の周辺にも貧困層が住むようになったことが、この傾向に拍車をかけた。こうして、部落の地域的境界があいまいになっていった。

部落の生活が改善されるいっぽうで、経済発展にともなう大都市集中が進むなか、部落からでていく青年たちが増えていく現象も顕著《けんちょ》になっていった。それによって、部落住民が高齢化し、解放運動をになう活動力が弱くなっていったし、地域の活力も失われていく傾向があらわれた。

以上のような変化をつうじて、一定の「部落分散・解消」が進んでいたことは事実だった。少なくとも、従来の「身分」「職業」「居住」三位一体の差別構造は崩れていったのである。これは、それによって自然に差別が解消されていくというのではなく、差別の構造が変化し、差別の形態が変化していったこととして、とらえられなければならないだろう。

しかし、この差別構造・差別形態の変化に部落解放同盟は対応できていただろうか。

解放同盟は、基本的に被差別部落の地域的団結に基礎をおいて運動を進めてきた。また、政府・自治体の同和対策とリンクして運動を進めていった結果、運動が「属地主義」のかたちで展開される傾向がさらに強められた。全体として、部落解放運動は、被差別部落の居住地域において団結して、それを運動単位として、地域単位で差別と闘うというかたちで進められていった。

そして、このような「属地主義」的な運動では、差別構造・差別形態の変化に対応できなくなっていったのである。さらには、「同和地区」に住む者が「部落民」であるという「属地主義」のとらえかたでは、こぼれ落ちるものがあまりに多くなっていき、「部落民」とは何かという再定義が必要とされる状態が生みだされていったことも指摘される。

部落における高度成長の後遺症

このように、被差別部落に遅れてやってきた高度成長にたいして、解放同盟は、これをとらえて、大きな成果をあげることができた半面、それによって生まれた部落をめぐる新しい社会関係に充分に適応できない状況も生まれてきたのであった。それと同時に、たんに運動の適応不全ということにとどまらない大きな問題も生みだされてきたのである。

最大の問題は、行政との癒着《ゆちゃく》と利権がもたらした問題である。同対法にもとづく同和事業が被差別部落に「行政との癒着《ゆちゃく》」と「利権」をもたらしたのは事実である。

共産党は、解放同盟が、もともと利権を漁《あさ》るために特別措置法を利用したのだ、「窓口一本化」も利権確保のための方策だったのだ、という。だが、これは、全体としては事実に反する見方である。最初はそうではなかったのに、そういう部分がでて、それが拡大していったのはなぜか、が解明されなければならない。

ただ、共産党の批判には一面の正しさがある。

オールロマンス闘争をはじめ行政闘争が「行政との癒着《ゆちゃく》」〔初期には行政の革新分子と、のちにはそうではない部分とも〕に依拠して進められていたことは事実であろう。これは、宮崎学が『近代の奈落』京都編で書いているとおりである。このことの功罪を総括する必要がある。とはいうものの、批判者である共産党も、かつてはオールロマンス闘争を評価していたし、行政闘争も一定程度評価していた。ところが、その批判の根拠だった「大衆闘争をつうじてこそ」という視点は、第二段階以降捨て去られていって、逆に、市民の視点からする「逆差別」というとらえかたに変わっていったのだった。そして、この方向転換は、癒着《ゆちゃく》を生むような大衆闘争のやりかたを改めて、自立した社会闘争の方向性をしめすのではなく、大衆闘争を「公正な行政の推進」へと解消していってしまうものにすぎなかったのである。

いっぽうで、解放同盟は、同和対策を官の恩恵的給付として下賜《かし》おかれるものではなく、部落民が自治的に管理するものにする必要があるとして、そのためには行政が掌握《しょうあく》している公的領域に解放同盟が踏みこんでいくことが必要だ、とした。いわゆる「人民的管理」「民主的管理」論である。

また、解放同盟は、そうした闘争のなかで部落が獲得したものは、「利権」ではなく、「全国民に保障されていくべき水準」を部落が先行的に獲得したものであって、部落は「共同体的団結と組織があった」がゆえに「激しい闘いのエネルギーを発揮しえた」から獲得できたのだ、つまり、被差別部落の闘争集団は全人民の「住民闘争の先進部隊」なのであって、「この先進部隊の水準を全人民的水準に拡大する」ことこそが求められているのだ、ととらえるのである〔大賀正行著、『部落解放理論の根本問題—日本共産党の政策・理論批判—』、解放出版社〕。

ここにも、一面の正しさがある。

しかし、そもそもそういう位置づけだったとしても、それが「癒着《ゆちゃく》」「利権」となって、「全人民的水準への拡大」に結びつかなかったのは事実なのではないか。それはなぜだったのか。

「日共の指導がまちがっていた」ためではないだろう。

また、同対審答申のような位置づけでの同和対策が「特権」付与になるのは避けられない。部落差別にかぎらず、アファーマティブ・アクションじたいがそういう性格をもたざるを得ないものである。その「特権」は必然的に「利権」を生むのではないだろうか。それを「利権ではない」と強弁するのではなく、「利権と自治」「利権と社会闘争」という問題を深めるべきだったのではないだろうか。そうしてこそ、「人民的管理」「民主的管理」を建前だけではなく実質化していく道も開けたはずである。

利権と自治、利権と社会闘争との関係

「利権」とは何か。

同和事業は「部落解放同盟のみが」「部落問題のもっておる特殊性を最大限に利用してきずきあげてきた」もの〔大賀前掲書〕だというが、だからこそ、「利権」なのではないか。

これは、たしかに「権利」であるが、特別にあたえられた権利として「特権」であり、これを特定少数が自分たちの利益のために行使、運営すれば「利権」になるのではないか。

とするなら、「なんで部落だけが……」というのは、ねたみではなく、正当な「利権」認識なのではないか。

戦前の水平社では同和事業のイニシアを行政と結びついた融和《ゆうわ》団体に握られたから失敗した、という反省があった。ただし、それは水平社が自主的改善運動をも「融和《ゆうわ》団体」として排斥したからでもあったという面も見なければならない。

ここから、松田喜一《まつだきいち》〔大阪の水平社運動指導者。部落産業を組織化し、同和事業の協同自律管理を進めた〕がいう「とった物を自ら治めるくらいの能力がなくてはダメだ」という教訓が残された、と解放同盟は考えている。これはたしかにそのとおりである。つまり、被差別部落の自治が確立していれば、「利権」は自主管理できるということだ。

問題は、部落がいかにして自治能力をもつか、ということである。「利権」を「利権」として認識して、それを「自治」と結びつけることが必要だったのではないか。その点では、水平社以前の自主的改善運動や水平社外の内部覚醒《かくせい》運動を評価し、そこから学ぶ必要もあったのではないか。

そうした発想が、共産党だけではなく、解放同盟にも稀薄《きはく》だったのではないか、と思われる。

あらゆる社会集団にとって、社会闘争においては、みずからの主体的闘争によってこそ成果をあげられるというのは、いうまでもないことである。その意味では、『ねたみ差別』などしないで、みずから闘え」というのは正しい。

しかし、被差別部落の闘争集団が「住民闘争の先進部隊」だというのなら、「この先進部隊の水準を全人民的水準に拡大する」のは、先進部隊じたいの任務でもあるのではないか。

そして、そのような立場に立つとき、利権が利権でなくなる可能性が開ける。利権を社会集団の「固有の力」に転化することができるのだ。

政治的国家における権利と市民社会における差別の関係

「人間が自分の『固有の力』〔forces propres〕を社会的な力として認識し組織し、したがって社会的な力をもはや政治的な力の形で自分から切りはなさないときにはじめて、そのときにはじめて、人間的な解放は完成されたことになるのである」とマルクスはいった〔『ユダヤ人問題によせて』〕。

国家・行政が解決できるのは、政治的国家の領域の問題のみであり、市民社会の領域の問題を解決することは基本的にできない。マルクスが『ユダヤ人問題によせて』でいっているように、最大限できても被差別民の「政治的解放」にすぎないのであって、これでは差別の撤廃にはならない。差別の撤廃は被差別民の「社会的解放」によってのみなしうるのであり、それは政治的国家の領域における行政闘争によってではなく、市民社会の領域における社会闘争によってのみ推進できるのである。

いい換えれば、国家・行政が解決できるのは、差別の物質的基盤、差別を生み支える外側の条件の変更だけである。差別の精神的基盤、内側の条件を変えるのは、部落民自身の［内部覚醒をふくむ］社会的活動にほかならない。差別が社会意識であるというのは、差別をなくすには政治的変革だけではなく社会的変革［市民社会の変革］が必要だということ、それには部落民自身をふくむ意識変革が必要であることをしめしている。

政治的国家領域の問題は「権利」に集約できるが、市民社会領域の問題はそこに集約することはできない。にもかかわらず、その市民社会領域の問題を「人権」という「権利」に集約してしまう傾向が、共産党だけではなく解放同盟内部にもあった。

政治的支配、搾取《さくしゅ》・収奪《しゅうだつ》［それじたい政治的な性格をもつ］を「差別」と同一視する傾向が解放同盟のイデオローグの議論にも見られる。

たとえば、大賀正行は、『部落解放理論の根本問題―日本共産党の政策・理論批判―』において、「労働者は資本家に差別されている」とし、差別一般を問題にして「形式的平等から実質的平等へ」という発想で、「権利」と「反差別」、政治的国家領域の問題と市民社会領域の問題とを同一平面でつなげている。「階級的搾取《さくしゅ》の一形態としての差別」という差別＝階級支配＝政治起源説も、また「日本全体の民主主義の破壊を集中的に受けているところこそ部落にほかならない」という把握もそこからでてくる。

また、女性差別についても、「女性のハンディキャップを正しく認識しないところからくる」ととらえるから、差別をなくすということは〈ハンディキャップを補って平等にすること〉というふうにとらえられてしまう。これも、「権利」＝政治的国家領域の問題と「反差別」＝市民社会領域の問題とを同一の平面においてしまうからである。

共産党と解放同盟の体質的な対立点

一九六〇年代半ば以降の共産党と解放同盟の対立・抗争においてだされてきた論点を見ていくと、全体をつうじて、個別の理論的な対立点だけではなく、全般にわたる体質的な対立点もあきらかになってくる。そして、この体質的な対立点は、戦前のアナ・ボル論争におけるアナとボルの体質的な対立点と関連している。

宮崎学は、『近代の奈落』において、水平社アナ・ボル論争における体質的な対立点を次の六点にまとめている。

①　人間か階級か
「人間礼讃の運動」か「抑圧階級打倒による解放」か。
「人間主義」か「階級闘争史観」か。

②　自力解放か社会変革か
「部落民自身の手による解放」か「社会全体の変革による解放」か。

③　部落民全体か無産部落民か
運動の主体は「部落民全体」か「無産部落民」か。
「兄弟意識」か「階級意識」か。
「確固不抜たるエタ意識」か「有産部落民とは対決あるのみ」とする無産階級意識か。

④　内からか外からか
基本的に部落民だけの運動か社会運動と結合した運動か。
反政治・非政治か政治運動への進出か。

「職業的運動家」「政治運動屋」の排撃か「前衛」の指導「無産政党」との連携か。

⑤　徹底的糾弾《きゅうだん》か全般的闘争か

「一般社会との対立」か「部落内を含めた階級対立」か。

基本的に差別のみを問題にするか経済的・政治的課題を問題にするか。

⑥　永続的運動か過渡的運動か

水平運動はすべての差別・抑圧がなくなるまで独自の運動として存在するのか、労働と資本の対立が煮詰まるまでの過渡的な運動に過ぎないのか。

これらの対立点は、一九七〇年代における共産党と解放同盟の対立の底流にも見いだすことができる。この対立は、アナキストとボルシェヴィストというかたちではなく、同じマルクス主義の流れをくむ［したがって、どちらもボルの末裔である］左翼諸派の間に生まれたものであり、アナ・ボル論争とは性格が違う。しかし、解放同盟中央に拠った共産党離脱組の左翼は、水平社以来伝統的な解放運動の体質に依拠していたのであり、その点から見るならば、かたちを変えた水平社アナ・ボル論争の再現という面をもっていたのである。

それは、次のような点において見ることができる。

①　階級主義・階級闘争主義［共産党］vs.同胞主義・身分闘争主義［解放同盟］

解放同盟には「被差別部落の兄弟姉妹《きょうだい》たち」というとらえかた、同胞としてのfraternity意識が濃厚かつ強烈にあるが、共産党には、これが薄く、むしろ「階級意識の障害になる同族意識」として否定的にとらえ、排除する傾向が見られる。

② 政治闘争至上主義〔共産党〕vs. 社会闘争至上主義〔解放同盟〕

共産党は、基本的には「新しい民主主義革命」→「民主連合政府」→「政治革新」と、政治的な変革で部落問題を解決するとしていたのにたいして、解放同盟は、市民的権利を、形式的にではなく実質的に獲得するための社会闘争〔それが自治体にたいする行政闘争に集約されてきた〕によって社会関係を変革することをめざしていた。

③ 法治主義・合法闘争意識〔共産党〕vs. 自力救済主義・実力闘争意識〔解放同盟〕

共産党は、解放同盟との対立の第二期以降は、要求については憲法、教育基本法、地方自治法などに依拠し、暴力にたいしては告訴で対抗するなど、国家・法のレベルで問題を解決する運動路線を採ったのにたいし、部落解放同盟は、要求においても、差別糾弾《きゅうだん》においても、集団の実力による闘争方法を採り、社会・契約のレベルで問題を解決する運動路線をとった。

④ 機能主義〔共産党〕vs. 本質主義〔解放同盟〕

共産党は、「客観的には……ということになる」「……の役割をはたしている」といった客観的な機能主義の思考様式を採っていたのにたいし、解放同盟は、「本質的には……である」「……という本質のあらわれである」といった主体的で本質主義の思考様式をとっていた。

こうした体質的な対立点を、水平社アナ・ボル論争がおこなわれた一九二〇年代後半の時代状況と対比しながら、一九六〇年代後半から七〇年代の時代状況との関連において検討してみるならば、日本の社会運動のありかたをめぐって見えてくるものがあるのではないだろうか。そして、そのような検討によって、まったく不毛なままに終わろうとしている、この対立・抗争から学ぶべきものを引きだしておく必要があるのではないか、と思われる。

おわりに
差別からの解放はどうやったらできるか

筆坂秀世

理屈なき差別

私の母が被差別部落の人々を蔑《さげす》む発言をたびたびしていたことは、すでにのべた。母だけではなく、周囲のほとんどの人がそうであった。その発言に嫌悪感を抱き、「おかしいよ」という気持ちをつねにもっていた。母たちの発言内容というのは、一言でいえば被差別部落の人々をにんげんとして見なさない、というものであった。理屈抜きに穢らわしい存在ということだった。あまりにも理不尽、あまりにも不条理だと思った。

「理屈抜きに穢らわしい」ということほど、厄介《やっかい》なものはない。道理が通用しないからだ。部落解放同盟の運動が暴力的にならざるを得なかった背景にも、まちがいなくこのことがある。

私が高校時代、たばこを吸ったり、酒を飲んだり、喧嘩したり、学校をさぼったり、つねに行動をともにする友人が三人いた。私をいれて四人だ。このうちの一人が被差別部落の出身者であることを三人とも知っていた。三人のうち一人が「Mは部落やで」としょっちゅういっていたが、仲はよかった。高校を卒業して四十年以上経つが、いまでもときどき四人で飲んでいる。ところがM自身が、自分が被差別部落出身であることを結婚するまで知らなかったというのだ。

いまから十年ぐらいまえに宝塚でクラス会があって飲んだとき、はじめてMの口からそのことを聞いた。Mは酒を飲んでいたことも手伝って、さめざめと泣きながら「筆坂、俺は自分が部落だということをまったく知らなかった」というのである。結局それが原因で離婚にいたってしまったという。

私はMにいった。「三人とも知っていたよ。でもそんなことはまったく俺達にとって関係の無いことだよ。俺は気にしたこともないよ。悔しいだろうし、たまらないと思うけど、もっといい女と一緒になったんだからよかったじゃないか」と。すでにMは再婚していたので、その程度のことしかいえなかった。ただMがみずからそのことを語ってくれたことに、自分への信頼を確認することができた。

私が結婚して、もう二十年ぐらい経ったとき、妻の母からいきなり「筆さんは部落の出身と違うんやろうな」と突然聞かれたことがあった。

なぜそんな話になったのか、くわしく覚えてはいない。妻の両親は沖縄の今帰仁《なきじん》村の出身である。沖縄の人も本土ではさまざまな差別を受けたはずだが、そんなことを気にしていたのか、と驚いたことがあった。

共産党などは結婚差別は解消したというが、そんなにかんたんになくなりはしないというのが、私の実感だ。

水平社以来、被差別部落の人々は部落解放同盟を中心に、さまざまな解放運動にとり組んできた。その成果は、まちがいなくある。資本主義の発展が差別解消に大きな役割をはたしたこともまちがいない。でも最終的な差別の解消は、やはり時間を必要とする。

小人は差別を好む

人は差別が好きだ、ということを率直に認めなければならない。テレビ番組を見ても美醜、スタイル、頭脳等々、さまざまな事柄が格好の材料としてとりあげられている。「ブス」、「デブ」、「頭が悪い」というのが、いじくりと笑いの素材にされている。

テレビほど、差別を売り物にしている媒体はない、といっても過言ではない。なぜテレビがこういうことをとりあげるのか。視聴率が稼げるからである。それを喜ぶ視聴者がいるということである。

私の家は、兵庫県の山中の貧しい農村であった。信じてもらえないかもしれないが、子どものころ、夏などはまだ藁草履《わらぞうり》を履いていた。ご飯のおかずといえば、漬物ばっかりだった。私は五人兄弟だが、私以外はすべて中学校しかでていない。私だけが高校まで進んだ。絵にかいたような貧農だった。母たちにとって、「それでも部落ではない」ということだけが支えだったのかもしれない。「上見て暮らすな。下見て暮らせ」ということだったのだろうが、あまりにも悲しい優越感である。

時代は変わり、物質的に豊かになったことはまちがいない。だが差別とそれにもとづく優越意識は、絶えず再生産されている。優越意識をもつのは勝手だ。だがじっさいに差別するというのは、別の次元の問題になる。まさにそれは、自らが小人であることを自認する恥ずべき行為だということを知るべきであろう。

他民族や障害者を侮蔑《ぶべつ》するような発言を好んでするような政治家がいる。一般的に右翼的と見なされている政治家に多い。そのうち何人かは私も知っているが、いずれも共通していることは、肝っ玉の小さい小人［徳のない器量の小さい人］だということである。小人は、みずからが小人だということを見透かされないために、ほかを侮蔑《ぶべつ》することによって大きく見せようとするのである。彼らは同情すべき輩《やから》なのである。

部落差別の残酷さは、被差別部落の人にしか、やはりわからないだろう。私がどれほどわかろうとしても同じレベルには到達し得ない。これはしかたがないことである。ただ小人にはなりたくない、そう願うだけである。

共産党も差別をつくってきた

私は最近、しみじみ考えることがある。それは「主義」についてである。広辞苑によれば、「思想・学説などにおける明確な一つの立場。イズム」とある。私が共産主義に傾倒していったのは十七歳のときである。「世界は平和、民主主義が花開く社会進歩の方向に大きく動いている。すでに地球上の三分の一が社会主義のもとで暮らしている。この変革と進歩の流れに君も身を投じ、生きがいのある人生を歩もうではないか」という日本民主青年同盟の訴えに魅かれたからであった。以来マルクス主義、科学的社会主義は絶対的に正しいと信じ、共産党員としての道を歩んだ。

だが絶対的に正しい理論や運動、あるいは組織など、欠陥だらけの人間がやる以上、ありえないことなのである。この世のなかには、まちがったことも、正しいこともいっぱい存在している。ここから学び、また切り捨てることも数多《あまた》ある。だが人生経験も積んでいない一〇代、二〇代の若者が必要な取捨選択をできようはずもない。若者こそ、一つの主義主張にこだわるのではなく、幅広い知識を学び、経験をすることが必要なのだ。この道を塞《ふさ》ぐような組織は、それが政党であれ、宗教団体であれ、社会から厳しく指弾されなければならないだろう。

かつて共産党員を指して「主義者」と呼ばれたことがある。一つの学説に強烈に拘泥《こうでい》し、しかもマルクスやエンゲルスの社会主義革命は「世界史的必然」であり、それを成し遂げることはプロレタリアートの「歴史的使命」とされたことにより、急進的、非妥協的運動体として共産党が生まれた。共産党は科学的社会主義を「人類知識の総和」などというが、急進性と非妥協性は、ほかの思想や学説を厳しく排斥することを特徴としていた。

だから共産党を離党した人々、あるいは除名・除籍された人々にたいして、「転落者」「変節者」「反党分子」などと口の限りの汚い言葉で蔑視《べっし》することが、共産党の特質となっていったのである。私がときどき出演している民放テレビにたいしても、「筆坂を出演させるな」「筆坂が出演している番組には、共産党は出演しない」という圧力をかけている。共産党にいわせれば、私は「転落者」だからだ。

他人を「転落者」などと呼ぶ組織は、みずからは「上にいる」と自認しているのだ。なんという傲慢《ごうまん》、なんという気楽な独りよがりであろうか。こんな政党が、差別をなくすことができないのは、至極《しごく》当然のことなのである。

自己嫌悪におちいらない生きかたを

部落解放同盟も、日本共産党もいずれは組織や存在意義を消滅していくことになるのであろう。存在意義がなくなった組織や運動体が消滅することは、理の当然である。

だが、だからといって差別がなくなるわけではない。どうやれば差別から解放されるのか、その回答を書く力は私にはない。ただいえることは、差別を受けたものは、その悲惨さを知っている。あらわしかたはともかく、だれもが心の奥底で強烈な憤《いきどお》りを感じていることだけはまちがいない。憤りは、一つのエネルギーである。ただしそれを暴力的に発揮してはならない。私は暴力だけは、峻拒《しゅんきょ》する。人の心身を傷つけ、恨みを残すようなやりかたは、絶対にしてはならない。

政治も、社会も変化していることだけはまちがいない。主体的に変えることもできる。憤りのエネルギーをその力へと転化すべきであろう。小人にかかわっている暇などはない。人を傷つけて何が愉快なのか。差別をして、何が得られるのか。私自身は、そうしたときには自己嫌悪におちいるだけだ。差別者にも、被差別者にもいいたい。自己嫌悪にだけはおちいるなと。

参考文献

本書で言及されたり、引用されたり、参照されたりしている文献、資料は多数にのぼるが、そのうち、共産党と部落解放同盟の対立、論争に直接関連があるもので、参照、言及されている文献、資料ののみをかかげる。

〔共産党側〕

日本共産党中央委員会農民漁民部編『今日の部落問題』（日本共産党中央委員会出版局、一九六九年）

北原泰作・榊利夫『部落解放への道—国民的融合の理論—』（新日本出版社、一九七五年）

榊利夫『国民的融合論の展開—部落問題と同和行政—』（大月書店、一九七六年）

日本共産党『日本共産党と同和問題』（新日本出版社、一九七九年）

不破哲三『政策活動入門』（新日本出版社、一九八九年）

寺園敦史＋一ノ宮美成＋グループ・K２１『同和利権の真相』（宝島社、二〇〇二年）

同前　2、3（宝島社、二〇〇三年）
丹波正史「国民的融合論との対話」（『地域と人権』二〇〇九年一一月から二〇一〇年三月まで連載中）

［解放同盟側］

大賀正行『部落解放理論の根本問題―日本共産党の政策・理論批判―』（解放出版社、一九七七年）
佐和慶太郎『差別への転落―日本共産党批判―』（解放出版社、一九七七年）
部落問題研究所編『水平運動史の研究　第4巻　資料編下』（部落問題研究所出版部、一九七二年）
部落解放研究所編『部落解放運動基礎資料集　Ⅰ　全国大会運動方針　第1～第20回』（部落解放同盟中央本部、一九八〇年）
同前　Ⅱ　第21～29回、Ⅲ　第30～35回
宮崎学ほか『「同和利権の真相」の深層』（解放出版社、二〇〇四年）

［資料］

部落解放・人権研究所編『部落問題・人権事典』（解放出版社、二〇〇一年）
政府同和対策審議会『同和対策審議会答申』（一九六五年）

『同和対策事業特別措置法』（一九六九年）『地域改善対策特別措置法』（一九八二年）

［その他］

野口道彦『部落問題のパラダイム転換』（明石書店、二〇〇〇年）
宮崎学『近代の奈落』（解放出版社、二〇〇二年）

著者紹介／**筆坂秀世**（ふでさか　ひでよ）

1948年兵庫県生まれ。元共産党常任幹部会委員。高校卒業後18歳で日本共産党へ入党。95年参議院議員初当選。党ナンバー4の政策委員長、書記局長代行をつとめる。2003年に参議院議員を辞職。2005年離党。著書は『日本共産党』（新潮新書）、『悩める日本共産党員のための人生相談』（新潮社）、『政党崩壊！』（講談社）等。共著に『どん底の流儀』（情報センター出版）、『いますぐ読みたい日本共産党の謎』（徳間書店）等がある。

宮崎 学（みやざき　まなぶ）

1945年京都生まれ。父は伏見のヤクザ寺村組組長。早稲田大学中退。早大在学中は共産党系ゲバルト部隊隊長として活躍。週刊誌記者、家業の土建業を経て、96年に自身の半生を綴った『突破者』で作家デビュー。その後もアウトローの世界をテーマに執筆。著書は『近代の奈落』（解放出版社）、『法と掟と』（角川文庫）、『近代ヤクザ肯定論』（筑摩書房）。共著に『国家の崩壊』（にんげん出版）、『「同和利権の真相」の深層』（解放出版社）等がある。

モナド新書 003

日本共産党 vs. 部落解放同盟

2010年10月31日　初版第一刷発行
2020年 3 月30日　初版第三刷発行

著　者　筆坂秀世　宮崎学
発　行　株式会社にんげん出版
〒101-0051
東京都千代田区神田神保町 2-12　綿徳ビル 201
Tel 03-3222-2655　Fax 03-3222-2078
http://ningenshuppan.com/

装丁・本文組版　板谷成雄
印刷・製本　萩原印刷(株)

ISBN 978-4-931344-29-7　C0236

モナド新書の刊行に際して

「なぜ私はここにいるのか？」自分にそう問いかけて、たしかな答えを返せる人はいないだろう。人は誰しも生まれ落ちる時と場所を選べず、そのときどきの選択とあまたの偶然に導かれて今ここに至っているにすぎないからだ。つまり私たちは必然的な存在ではない。にもかかわらず、こうなるしかなかったという意味で、私は世界で唯一の存在である。

そのようにして在るかけがえのない〈私〉は、ライプニッツのいうモナドとしてとらえることができよう。ところがモナドには窓がないという。そのため、たがいの魂を直接ふれあわせることはできず、それぞれが孤立したまま活動を続けていくしかないのだと、ライプニッツはわれわれを突き放す。それでもモナドは自らの経験を捉えなおそうとして言葉を表出する。言葉は頭の中にものを考えるリズム感覚と広い空間を作り出し、モナドはたがいが表出した言葉を介して交流してゆく。

ここにモナド新書として刊行される書物たちもまた、孤独な歩みのうちに自らを鍛え、掘り下げられた言葉によって人々につながろうと意欲するものである。ただし、つながることイコール融和ではない。対立や矛盾を包み込むのではなく、読者を個別に状況に突き返し、そこでの闘いを励ますためにこそモナド新書は編まれる。